KB189294

선인들의 명언

말투의 소중함을 미리 알았더라면

선인들의 명언

말투의 소중함을 미리 알았더라면

초판 1쇄 발행 2025년 3월 22일

지 은 이 신종우
발 행 인 권선복
편   집 권보송
디 자 인 김소영
전 자 책 서보미
마 케 팅 권보송
발 행 처 도서출판 행복에너지
출판등록 제315-2011-000035호
주   소 (157-010) 서울특별시 강서구 화곡로 232
전   화 0505-613-6133
팩   스 0303-0799-1560
홈페이지 www.happybook.or.kr
이 메 일 ksbdata@daum.net

값 22,000원

ISBN 979-11-93607-76-3 (13190)

Copyright ⓒ 신종우, 2025

도서출판 행복에너지는 독자 여러분의 아이디어와 원고 투고를 기다립니다. 책으로 만들기를 원하는 콘텐츠가 있으신 분은 이메일이나 홈페이지를 통해 간단한 기획서와 기획 의도, 연락처 등을 보내주십시오. 행복에너지의 문은 언제나 활짝 열려 있습니다.

미래교육학자 신종우 교수의

선인들의 명언

말투의 소중함을 미리 알았더라면

신종우 지음

도서
출판 행복에너지

　말은 단순한 소리가 아닙니다. 그것은 사람들 간의 신뢰를
쌓고, 마음을 여는 열쇠입니다. 우리는 말로 서로를 이해하고,
말로 서로를 치유합니다. 말은 사람의 마음을 열 수도 있고 닫
을 수도 있습니다. 올바르게 사용된 말은 벽을 허물고 다리를
놓습니다. 진심으로 듣고 진심으로 말하는 것은 인간관계의
기초를 세우는 것입니다.

　이 책을 통해 우리는 말의 힘과 중요성을 깊이 이해하게 될
것입니다. 말투 하나만으로도 인생이 업그레이드될 수 있으
며, 말투를 바꾸면 인생이 달라질 수 있습니다. 무심코 던진
한 마디에 품격이 드러나고, 삶의 지혜는 수시로 듣는 데서 비
롯됩니다. 반면, 삶의 후회는 대개 말하는 데서 일어납니다.
말의 품격은 자신의 퍼스널 브랜드입니다. 이청득심(以聽得心),
들어야 마음을 얻습니다. 경청의 상대는 입이 아니고 귀를 원
합니다. 경청의 대가, 오바마 리더십처럼 잘 들어야 잘 말할
수 있습니다.

선인들은 말의 중요성을 강조했습니다. 말을 신중히 하고 행동을 신속히 하라, 말에는 반드시 신용이 있어야 하고, 행동에는 반드시 결과가 있어야 한다고 했습니다. 말은 마음의 거울이며, 그 사람의 진심을 비춥니다. 말이 많으면 쓸데없는 말이 많아지고, 말에는 길이 있으며 그 길을 따라야 합니다. 성은 본래 선하지만, 배우지 않으면 변하게 됩니다. 말은 반드시 그 출발점을 알고, 말을 맺을 때는 그 끝을 알아야 합니다. 당신의 말투는 상대방의 마음속에 남습니다. 말로써 말을 끊으면 말이 그칠 곳이 없으니, 이는 말하지 않음보다 못합니다. 배움이란 새겨 두는 것이 아니라, 이해하는 것입니다. 다정하게 말하는 것은 작은 일이 아닙니다. 말투는 한 인간의 성격을 드러내는 창문입니다.

사람들은 당신이 한 말을 잊어버릴 수 있지만, 당신이 그들에게 어떤 감정을 느끼게 했는지는 잊지 않습니다. 당신의 말투는 당신이 말하고자 하는 모든 것을 좌우합니다. 말할 때 신중하십시오. 말은 당신의 생각을 드러내는 중요한 매개체입니다. 부드러운 말 한마디는 짧고 간단하지만 그 메아리는 끝없이 계속됩니다. 당신이 말하는 방식에 사람들은 가장 영향을 많이 받습니다. 당신의 언어는 당신의 영혼의 힘을 나타냅니다. 우리가 사용하는 언어는 우리의 감정과 행동을 형성합니다. 신중한 말투는 오해를 피할 수 있는 최선의 방법입니다. 말은 행동보다 강력합니다. 말의 힘은 세상을 변화시키는 데 사용될 수 있습니다. 말이 당신의 인격을 정의할 것입니다. 훌륭한 말은 훌륭한 마음에서 나옵니다. 듣는 사람의 감정을 존중하는 말투는 가장 위대한 소통방식입니다. 위대한 지도자는 말로 전쟁을 이길 수 있습니다. 부드러운 말투는 타인의 감정을 해치지 않고도 진실을 말할 수 있는 유일한 방법입니다. 부드러운 말은 강한 감정을 전할 수 있습니다. 상대방의 감정을 존중하는 말투로 대화하십시오. 말은 상대의 마음을 열 수도, 닫을 수도 있습니다.

　말은 우리의 마음을 표현하는 수단입니다. 우리의 생각은 우리의 언어에 의해 제한됩니다. 언어는 사고의 도구이며, 우리의 생각은 우리의 언어에 의해 형성됩니다. 말이 없으면 의미가 있고, 말이 있으면 의미가 없습니다. 동양 속담에서도 말의 중요성을 강조합니다. 가는 말이 고와야 오는 말이 곱고, 말한 마디로 천 냥 빚을 갚을 수 있습니다. 낮말은 새가 듣고 밤말은 쥐가 듣습니다. 듣기 좋은 꽃 노래도 한두 번입니다. 말이 씨가 되고, 호랑이도 제 말 하면 옵니다. 세 치 혀가 사람을 잡고, 말을 아끼면 몸이 성합니다. 말로써 천 리를 가고, 행실이 말보다 중요합니다. 입은 닫고 눈은 열어야 합니다. 사람은 죽으면 이름을 남기고, 말은 죽으면 악취를 남깁니다. 가루는 칠수록 고와지고, 말은 할수록 거칠어집니다. 말은 한 번 뱉으면 주워 담을 수 없습니다. 말보다 실천이 중요하고, 말을 많이 하면 실수가 많습니다. 발 없는 말이 천리길을 가고, 말이

적으면 근심이 없습니다. 말도 쉼이 필요하고, 내 말은 다시 내게 돌아옵니다.

이 책을 통해 말의 힘과 중요성을 이해하고, 올바른 말투와 언어 사용을 통해 더 나은 인간관계를 형성할 수 있기를 바랍니다. 말의 품격은 자신의 퍼스널 브랜드이며, 신중한 말투는 오해를 피할 수 있는 최선의 방법입니다. 부드러운 말 한마디는 짧고 간단하지만 그 메아리는 끝없이 계속됩니다. 당신의 언어는 당신의 영혼의 힘을 나타내며, 우리가 사용하는 언어는 우리의 감정과 행동을 형성합니다.

말의 힘을 이해하고, 올바르게 사용함으로써 더 나은 세상을 만들어 나갈 수 있기를 바랍니다. 말은 단순한 소리가 아니라, 사람들 간의 신뢰를 쌓고, 마음을 여는 열쇠입니다. 우리는 말로 서로를 이해하고, 말로 서로를 치유합니다. 말은 사람의 마음을 열 수도 있고 닫을 수도 있습니다. 올바르게 사용된 말은 벽을 허물고 다리를 놓습니다. 진심으로 듣고 진심으로 말하는 것은 인간관계의 기초를 세우는 것입니다.

말의 힘을 이해하고, 올바르게 사용함으로써 더 나은 세상을 만들어 나갈 수 있기를 바랍니다. 감사합니다.

박남기

광주교육대학교 교수,
전 총장

"말의 힘" – 이 책은 말이 인간관계와 삶에 미치는 영향을 깊이 있게 탐구합니다. 올바른 말투와 경청의 중요성을 강조하며, 부드러운 말 한마디가 가져오는 긍정적인 변화를 보여줍니다. 예를 들어, 갈등 상황에서 부드럽고 존중하는 말투를 사용하면 상대방의 방어적 태도를 줄이고, 더 나은 해결책을 찾을 수 있습니다. 또한, 일상 대화에서 긍정적인 언어를 사용하면 주변 사람들과의 관계가 더욱 돈독해질 수 있습니다. 이 책은 말의 품격을 높이는 법을 배우고 싶은 이들에게 추천합니다.

강성종

신한대학교 총장,
17대, 18대 국회의원

"말의 품격" – 이 책은 말이 개인의 퍼스널 브랜드임을 강조합니다. 신중한 말투와 언어 사용이 어떻게 삶의 질을 높이는지 설명하며, 말의 품격을 높이는 구체적인 방법을 제시합니다. 예를 들어, 공적인 자리에서의 발표나 회의에서 품격 있는 언어를 사용하면 신뢰와 존경을 받을 수 있습니다. 또한, 일상 대화에서도 품격 있는 말투는 상대방에게 긍정적인 인상을 남기고, 더 나은 인간관계를 형성하는 데 도움을 줍니다.

한석수

세종공동캠퍼스 이사장,
전 한국교육학술
정보원장

"부드러운 말의 힘" – 이 책은 부드러운 말투가 가진 힘을 다양한 사례를 통해 보여줍니다. 상대방의 감정을 존중하며 진실을 전달하는 법을 배울 수 있으며, 말로 인한 오해를 줄이고 더 나은 관계를 형성하는 데 도움을 줍니다. 예를 들어, 직장에서 동료에게 피드백을 줄 때 부드럽고 긍정적인 언어를 사용하면 상대방이 더 잘 받아들이고 개선할 수 있습니다. 또한, 가정에서도 부드러운 말투는 가족 간의 갈등을 줄이고 화목한 분위기를 조성하는 데 기여합니다.

윤문상

(사)출산육아교육협회
상임이사,
전 EBS 부사장

"말로 세상을 바꾸다" – 이 책은 말의 힘이 세상을 변화시킬 수 있음을 다양한 역사적 사례를 통해 보여줍니다. 위대한 지도자들의 말투와 소통 방식을 분석하며, 말로 사람들을 감동시키고 변화를 이끄는 법을 배울 수 있습니다. 예를 들어, 마틴 루터 킹 주니어의 연설은 많은 사람들에게 영감을 주었고, 사회 변화를 이끌어냈습니다. 이 책은 말의 힘을 통해 세상을 더 나은 곳으로 만들고 싶은 사람들에게 큰 도움이 될 것입니다.

책을 펼치면서

이 책, 『선인들의 명언, 말투의 소중함을 미리 알았더라면』의 저자입니다. 이 책을 통해 여러분과 소통할 수 있게 되어 매우 기쁩니다. 이 책은 우리가 일상에서 사용하는 말투의 중요성과 그 영향력을 깊이 탐구하고자 하는 마음에서 시작되었습니다.

언어는 인간 소통의 가장 기본적이고 중요한 도구입니다. 말은 단순한 의사소통 수단을 넘어, 우리의 생각과 감정을 전달하고, 사람들과의 관계를 형성하며, 때로는 치유의 힘을 발휘하기도 합니다. 그러나 말투의 중요성에 대해서는 종종 간과되곤 합니다. 말투는 우리의 내면을 드러내고, 상대방에게 우리의 진정성을 전달하며, 신뢰를 형성하는 데 중요한 역할을 합니다. 이 책에서는 말의 소중함을 시작으로 동서양의 대표적 속담을 통해 말투의 중요성을 조명하고자 합니다.

첫째, 말투는 우리의 감정을 표현하는 창구입니다. 부드럽고 따뜻한 말투는 상대방에게 친절함과 배려를 전달하며, 이는 긍정적인 감정을 불러일으킵니다. 반면, 차갑고 무뚝뚝한 말투는 무관심이나 적대감을 전달할 수 있습니다. 예를 들어, 서양 속담 "침묵은 금"은 말을 줄임으로써 평화를 유지하는 가치를 강조합니다. 따라서 우리는 항상 우리의 말투가 상대방에게 어떤 감정을 전달하는지 신중하게 고려해야 합니다. 또한, 동양 속담 "말 한 마디에 천 냥 빚도 갚는다"는 부드럽고 진심 어린 말투가 상대방의 마음을 움직일 수 있음을 상기시켜줍니다. 이처럼 말투는 상대방에게 큰 감정적 영향을 미칠 수 있습니다.

둘째, 말투는 우리의 성격을 반영합니다. 우리의 말투는 우리가 어떤 사람인지를 보여주는 중요한 단서입니다. 정중하고 예의 바른 말투는 우리가 상대방을 존중하고 배려하는 사람임을 나타내며, 무례하고 공격적인 말투는 우리가 상대방을 존중하지 않거나 적대적인 성향을 가질 수 있음을 나타냅니다. 예를 들어, 동양 속담 "말 한마디로 천 냥 빚을 갚는다"는 친절한 말이 큰 영향을 미친다는 의미를 담고 있습니다. 서양 속담 "어떤 사람인지 알고 싶다면 그의 말투를 보라"는 우리가 사용하는 말투가 우리의 인격과 성품을 반영한다고 강조합니다. 따라서 우리는 항상 우리의 말투가 우리의 성격을 어떻게 반영하는지 주의해야 합니다.

셋째, 말투는 신뢰를 형성합니다. 진심 어린 말투는 상대방에게 우리의 진정성을 전달하며, 이는 신뢰를 쌓는 데 큰 도움이 됩니다. 솔직하고 일관된 말투는 상대방에게 우리의 진정성을 전달하며, 이는 신뢰를 형성하는 데 중요한 역할을 합니다. 반면, 변덕스럽고 불성실한 말투는 상대방에게 불신을 불러일으킬 수 있습니다. 예를 들어, 서양 속담 "진심이 담긴 말은 귀에 달콤하다"는 진정성이 있는 말투의 중요성을 강조합니다. 따라서 우리는 항상 진심 어린 말투를 사용하여 신뢰를 형성해야 합니다.

말투는 우리의 관계를 형성하고 유지하는 데 중요한 역할을 합니다. 부드럽고 따뜻한 말투는 상대방과의 관계를 더욱 견고하게 만들며, 불필요한 갈등을 피할 수 있게 해줍니다. 반면, 차갑고 공격적인 말투는 관계를 악화시킬 수 있습니다. 서양 속담 "말은 사람을 만들고, 말은 사람을 망친다"는 우리가 사용하는 말이 우리의 관계와 삶에 큰 영향을 미친다는 것을 상기시켜줍니다. 동양 속담 "가시 돋친 말은 천금을 얻을 만한 말을 없앤다"는 우리가 부정적인 말투를 사용할 때 얻을 수 있는 많은 것들을 잃을 수 있음을 경고합니다.

마지막으로, 말투는 우리가 갈등을 해결하는 데 중요한 역할을 합니다. 갈등 상황에서 부드럽고 이해심 있는 말투는 문제를 해결하고 관계를 회복하는 데 큰 도움이 됩니다. "미안해요, 제가 잘못했어요"와 같은 진심 어린 말투는 갈등을 해결하는 데 중요한 역할을 합니다. 반면, 공격적이고 방어적인 말투는 갈등을 더욱 악화시킬 수 있습니다. 예를 들어, 동양 속담

"화살로 공격하는 것보다 말로 공격하는 것이 더 아프다"는 말투의 중요성을 강조합니다.

이 책을 통해 여러분이 말투의 중요성을 깨닫고, 더 나은 의사소통과 관계 형성을 위해 노력할 수 있기를 바랍니다. 감사합니다.

목차

1부. 말의 의미와 위력

2부. 선인들의 명언

3부. 동양 속담

1부

말의 의미와 위력

말의 힘이
세상을 지배하는 세상이다

　현대 사회에서 말의 힘은 그 어느 때보다도 강력해지고 있습니다. 우리는 말로써 의사소통하고, 관계를 형성하며, 세상을 변화시키고 있습니다. 그렇다면 말의 힘이 세상을 지배하는 이 시대에 우리는 어떻게 살아야 할까요?

　먼저, 신중하게 말해야 합니다. 말은 한 번 내뱉으면 되돌릴 수 없습니다. 따라서 항상 말하기 전에 생각하고, 우리의 말이 상대방에게 어떤 영향을 미칠지 고려해야 합니다. 신중한 말은 오해를 줄이고, 갈등을 예방하며, 신뢰를 쌓는 데 도움이 됩니다.

　다음으로, 긍정적인 말을 사용해야 합니다. 긍정적인 말은 사람들에게 희망과 용기를 줍니다. 예를 들어, "할 수 있어"라는 말은 상대방에게 자신감을 심어주고, 도전할 수 있는 용기를 줍니다. 반면, 부정적인 말은 사람들의 의욕을 꺾고, 부정적인 감정을 유발할 수 있습니다. 따라서 항상 긍정적이고 희망적인 말을 사용하여 주변 사람들에게 긍정적인 영향을 미쳐야 합니다.

또한, 진심 어린 말을 해야 합니다. 진심은 말의 힘을 배가시킵니다. 진심 어린 말은 상대방에게 우리의 진정성을 전달하며, 이는 신뢰를 형성하는 데 큰 도움이 됩니다. 예를 들어, "정말 고마워"라는 진심 어린 말은 상대방에게 우리의 감사를 전달하며, 관계를 더욱 견고하게 만듭니다. 반면, 진심이 없는 말은 쉽게 들통나고, 오히려 신뢰를 잃게 만들 수 있습니다.

경청하는 자세도 중요합니다. 말의 힘이 강력한 만큼, 상대방의 말을 경청하는 것도 중요합니다. 경청은 상대방에게 존중과 관심을 표현하는 방법입니다. 상대방의 말을 잘 들어주면, 그들은 자신이 존중 받고 있다고 느끼며, 이는 관계를 더욱 강화합니다. 경청은 또한 우리가 더 나은 의사소통을 할 수 있도록 도와줍니다.

말과 행동을 일치시키는 것도 필수적입니다. 말의 힘이 강력하지만, 말만으로는 충분하지 않습니다. 우리의 말이 진정성을 가지려면, 말과 행동이 일치해야 합니다. 예를 들어, "도와줄게"라고 말한 후 실제로 도움을 주는 행동을 해야 합니다. 말과 행동이 일치할 때, 우리는 신뢰를 얻고, 우리의 말이 더욱 강력한 힘을 발휘하게 됩니다.

공감과 이해를 바탕으로 말해야 합니다. 상대방의 입장에서 생각하고, 그들의 감정을 이해하려는 노력이 필요합니다. 공감 어린 말은 상대방에게 위로와 지지를 전달하며, 이는 깊은 유대감을 형성하는 데 도움이 됩니다. 예를 들어, "네 마음을 이해해"라는 말은 상대방에게 큰 위로가 될 수 있습니다.

비판보다는 격려의 말을 사용해야 합니다. 비판적인 말은 상대방의 자존감을 낮추고, 관계를 악화시킬 수 있습니다. 반면, 격려의 말은 상대방에게 자신감을 심어주고, 긍정적인 변화를 이끌어낼 수 있습니다. 예를 들어, "잘하고 있어, 계속해"라는 말은 상대방에게 큰 힘이 됩니다.

말의 힘이 세상을 지배하는 이 시대에 우리는 신중하고 긍정적이며, 진심 어린 말을 사용해야 합니다. 또한, 경청하는 자세를 가지고, 말과 행동을 일치시키며, 공감과 이해를 바탕으로 말하고, 비판보다는 격려의 말을 사용해야 합니다. 이렇게 할 때, 우리는 말의 힘을 통해 더 나은 세상을 만들어 나갈 수 있을 것입니다. 우리의 말은 우리의 삶을 형성하고, 다른 사람들에게 깊은 영향을 미칩니다. 따라서 항상 책임감 있게 말하고, 긍정적인 변화를 이끌어내기 위해 노력해야 합니다.

말투 하나만으로도
인생이 업그레이드된다

말투는 우리의 삶에 큰 영향을 미칠 수 있는 중요한 요소입니다. 말투 하나로 사람들과의 관계가 달라지고, 우리의 이미지와 신뢰도에 영향을 줄 수 있습니다. 따라서 말투를 신경 쓰고 개선하는 것은 삶의 질을 높이는 데 큰 도움이 됩니다.

긍정적인 말투는 사람들에게 좋은 인상을 남깁니다. 긍정적인 말투는 상대방에게 친근함과 신뢰감을 줍니다. 예를 들어, "할 수 있어요"나 "잘하고 있어요" 같은 말은 상대방에게 용기와 자신감을 줍니다. 긍정적인 말투는 또한 우리의 마음가짐에도 영향을 미쳐, 더 긍정적이고 낙관적인 태도를 가지게 합니다.

경청하는 말투는 상대방에게 존중 받는 느낌을 줍니다. 경청은 단순히 듣는 것이 아니라, 상대방의 말을 진심으로 이해하고 공감하는 것을 의미합니다. "그렇군요", "정말요?", "어떻게 생각하세요?" 같은 말은 상대방에게 관심을 기울이고 있음을 보여줍니다. 경청하는 말투는 더 깊은 인간관계를 형성하는 데 도움이 됩니다.

명확한 말투는 오해를 줄이고, 효과적인 소통을 가능하게 합니다. 명확한 말투는 우리의 의도를 분명하게 전달하고, 불필요한 오해를 방지합니다. 예를 들어, "저는 이렇게 생각합니다"나 "제 의견은 이렇습니다" 같은 말은 우리의 생각을 명확하게 전달합니다. 명확한 말투는 또한 우리의 신뢰도를 높이고, 더 나은 협력을 가능하게 합니다.

공감하는 말투는 상대방의 감정을 이해하고, 더 나은 소통을 가능하게 합니다. 공감하는 말투는 상대방의 감정을 인정하고, 그들의 입장을 이해하려는 노력을 보여줍니다. "그 마음 이해해요", "힘들었겠어요" 같은 말은 상대방에게 위로와 지지를 줍니다. 공감하는 말투는 더 깊은 인간관계를 형성하고, 더 나은 소통을 가능하게 합니다.

존중하는 말투는 상대방에게 존중 받는 느낌을 줍니다. 존중하는 말투는 상대방의 의견과 감정을 존중하고, 그들의 가치를 인정하는 것을 의미합니다. "감사합니다", "죄송합니다" 같은 말은 상대방에게 존중 받는 느낌을 줍니다. 존중하는 말투는 더 나은 인간관계를 형성하고, 더 나은 협력을 가능하게 합니다.

　말투 하나로 우리의 삶은 크게 달라질 수 있습니다. 긍정적인 말투, 경청하는 말투, 명확한 말투, 공감하는 말투, 존중하는 말투를 통해 우리는 더 나은 인간관계를 형성하고, 더 나은 소통을 가능하게 할 수 있습니다. 말투를 신경 쓰고 개선하는 것은 우리의 삶의 질을 높이는 데 큰 도움이 됩니다.

　또한, 말투를 바꾸는 것은 단순히 언어 습관을 바꾸는 것이 아니라, 우리의 태도와 마음가짐을 변화시키는 과정입니다. 말투를 개선함으로써 우리는 더 긍정적이고, 더 공감하며, 더 존중하는 사람이 될 수 있습니다. 이러한 변화는 우리의 삶을 더욱 풍요롭게 만들고, 주변 사람들에게도 긍정적인 영향을 미칠 것입니다. 말투 하나로 삶이 업그레이드될 수 있다는 사실을 기억하고, 오늘부터 실천해보시길 소망합니다.

말투를 바꾸면
인생이 달라진다

필자는 순간적인 판단력이 뛰어나고, 사람들과의 소통에서 직관적이고 빠르게 반응하고 있습니다. 이러한 능력을 바탕으로, 사람을 만나는 순간 타인의 변화를 알아차리고 덕담의 인사를 루틴으로 나누는 습관을 가지고 있습니다. 예를 들어, "오늘 행복한 일이 있나요?" 또는 "오늘 힘든 일이 있나요?"와 같은 인사말을 통해 상대방의 기분을 살피고, "오늘 헤어 스타일이 정말 멋지네요"와 같은 칭찬을 덧붙이고 있습니다. 이러한 엘리베이터 스피치는 일상에서 큰 변화를 가져오고 있습니다.

실례로 식당에서 식사 후 "오늘 음식 최고네요"와 같은 감사 인사를 루틴으로 하고 있습니다. 이러한 작은 변화가 쌓여, 두 번째 방문 시 대부분의 식당 직원들이 필자를 알아보고 더 친절하게 대하며, 서비스도 후하게 제공하는 것을 경험하고 있습니다. 이처럼 말투를 바꾸는 것만으로도 사람들과의 관계가 개선되고, 더 나은 대우를 받게 되는 긍정적인 변화를 체감하고 있습니다.

긍정적인 말투는 사람들에게 좋은 인상을 남기고 있습니다. 긍정적인 말투는 상대방에게 친근함과 신뢰감을 주고 있습니다. 예를 들어, "할 수 있어요"나 "잘하고 있어요" 같은 말은 상대방에게 용기와 자신감을 주고 있습니다. 긍정적인 말투는 또한 우리의 마음가짐에도 영향을 미쳐, 더 긍정적이고 낙관적인 태도를 가지게 하고 있습니다.

경청하는 말투는 상대방에게 존중 받는 느낌을 주고 있습니다. 경청은 단순히 듣는 것이 아니라, 상대방의 말을 진심으로 이해하고 공감하는 것을 의미합니다. "그렇군요", "정말요?", "어떻게 생각하세요?" 같은 말은 상대방에게 관심을 기울이고 있음을 보여주고 있습니다. 경청하는 말투는 더 깊은 인간관계를 형성하는 데 도움이 되고 있습니다.

명확한 말투는 오해를 줄이고, 효과적인 소통을 가능하게 하고 있습니다. 명확한 말투는 우리의 의도를 분명하게 전달하고, 불필요한 오해를 방지하고 있습니다. 예를 들어, "저는 이렇게 생각합니다"나 "제 의견은 이렇습니다" 같은 말은 우리의 생각을 명확하게 전달하고 있습니다. 명확한 말투는 또한 우리의 신뢰도를 높이고, 더 나은 협력을 가능하게 하고 있습니다.

공감하는 말투는 상대방의 감정을 이해하고, 더 나은 소통을 가능하게 하고 있습니다. 공감하는 말투는 상대방의 감정을 인정하고, 그들의 입장을 이해하려는 노력을 보여주고 있습니다. "그 마음 이해해요", "힘들었겠어요" 같은 말은 상대방에게 위로와 지지를 주고 있습니다. 공감하는 말투는 더 깊은 인간관계를 형성하고, 더 나은 소통을 가능하게 하고 있습니다.

존중하는 말투는 상대방에게 존중 받는 느낌을 주고 있습니다. 존중하는 말투는 상대방의 의견과 감정을 존중하고, 그들의 가치를 인정하는 것을 의미합니다. "감사합니다", "죄송합니다" 같은 말은 상대방에게 존중 받는 느낌을 주고 있습니다. 존중하는 말투는 더 나은 인간관계를 형성하고, 더 나은 협력을 가능하게 하고 있습니다.

말투 하나로 우리의 삶은 크게 달라질 수 있습니다. 긍정적인 말투, 경청하는 말투, 명확한 말투, 공감하는 말투, 존중하는 말투를 통해 우리는 더 나은 인간관계를 형성하고, 더 나은 소통을 가능하게 할 수 있습니다. 말투를 신경 쓰고 개선하는 것은 우리의 삶의 질을 높이는 데 큰 도움이 됩니다. 말투 하나로 삶이 터닝 포인트를 맞이할 수 있다는 사실을 기억하고, 오늘부터 실천해보세요.

말은 나름의
귀소본능을 지니고 있다

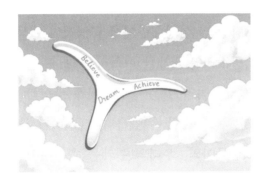

"말은 나름의 귀소본능을 지니고 있다"는 표현은 우리가 사용하는 말이 결국 우리에게 돌아온다는 의미를 담고 있습니다. 이 개념은 말의 힘과 그 영향력을 강조하며, 우리가 하는 말이 우리의 삶과 관계에 어떻게 영향을 미치는지를 상기시켜줍니다. 말은 우리의 행동과 태도를 반영합니다. 우리가 사용하는 말은 우리의 생각과 감정을 표현하며, 이는 우리의 행동과 태도에 직접적인 영향을 미칩니다. 예를 들어, 긍정적인 말을 자주 사용하는 사람은 긍정적인 사고방식과 태도를 가지게 되며, 이는 그들의 행동에도 긍정적인 영향을 미칩니다. 반면, 부정적인 말을 자주 사용하는 사람은 부정적인 사고방식과 태도를 가지게 되어, 이는 그들의 행동에도 부정적인 영향을 미칠 수 있습니다. 따라서 우리는 항상 긍정적이고 건설적인 말을 사용하여 우리의 행동과 태도를 긍정적으로 형성해야 합니다.

말은 우리의 관계를 형성합니다. 우리가 다른 사람들과 나누는 말은 그들과의 관계에 큰 영향을 미칩니다. 예를 들어, 존중과 배려가 담긴 말은 상대방에게 긍정적인 인상을 주며, 이는 건강하고 긍정적인 관계를 형성하는 데 도움이 됩니다. 반면, 무례하고 공격적인 말은 상대방에게 부정적인 인상을 주며, 이는 관계를 악화시킬 수 있습니다. 우리가 사용하는 말은 결국 우리에게 돌아와, 우리의 관계를 형성하고 강화합니다. 따라서 우리는 항상 상대방을 존중하고 배려하는 말을 사용하여 건강하고 긍정적인 관계를 유지해야 합니다.

말은 우리의 자아와 자존감을 형성합니다. 우리가 사용하는 말은 우리의 자아와 자존감에 큰 영향을 미칩니다. 긍정적인 말을 자주 사용하는 사람은 자신에 대해 긍정적인 생각을 가지게 되며, 이는 높은 자존감으로 이어집니다. 예를 들어, "나는 가치 있는 사람이다"라는 말을 자주 사용하는 사람은 자신감을 가지고 자신의 가치를 인정하게 됩니다. 반면, 부정적인 말을 자주 사용하는 사람은 자신에 대해 부정적인 생각을 가지게 되며, 이는 낮은 자존감으로 이어질 수 있습니다. 우리가 사용하는 말은 결국 우리에게 돌아와, 우리의 자아와 자존감을 형성합니다. 따라서 우리는 항상 긍정적이고 자신감 있는 말을 사용하여 우리의 자아와 자존감을 높여야 합니다.

말은 우리의 미래를 형성합니다. 우리가 사용하는 말은 우리의 미래에 큰 영향을 미칩니다. 긍정적인 말을 자주 사용하는 사람은 긍정적인 미래를 상상하고, 이를 실현하기 위해 노력하게 됩니다. 반면, 부정적인 말을 자주 사용하는 사람은 부정적인 미래를 상상하고, 이를 피하기 위해 소극적으로 행동할 가능성이 높습니다. 우리가 사용하는 말은 결국 우리에게 돌아와, 우리의 미래를 형성합니다. 따라서 우리는 항상 긍정적이고 희망적인 말을 사용하여 우리의 미래를 긍정적으로 형성해야 합니다.

말은 우리의 건강에도 영향을 미칩니다. 긍정적인 말을 자주 사용하는 사람은 스트레스를 덜 받고, 더 건강한 삶을 살 가능성이 높습니다. 반면, 부정적인 말을 자주 사용하는 사람은 스트레스를 더 많이 받고, 건강에 부정적인 영향을 미칠 수 있습니다. 우리가 사용하는 말은 결국 우리에게 돌아와, 우리의 건강에도 영향을 미칩니다. 따라서 우리는 항상 긍정적이고 건강한 말을 사용하여 우리의 건강을 지켜야 합니다.

"말은 나름의 귀소본능을 지니고 있다"는 표현은 우리가 사용하는 말이 결국 우리에게 돌아온다는 의미를 담고 있습니다. 우리는 이 개념을 통해, 말이 우리의 행동, 관계, 자아, 미래, 건강에 얼마나 큰 영향을 미치는지를 깨닫게 됩니다. 따라서 우리는 항상 신중하고 긍정적인 말을 사용하여 건강하고 의미 있는 삶을 형성할 수 있도록 노력해야 합니다.

무심코 던진 한 마디에
품격이 드러난다

우리는 일상에서 수많은 말을 주고받습니다. 그중에는 깊이 생각하지 않고 무심코 던진 말도 많습니다. 그러나 이러한 무심코 던진 한 마디가 우리의 품격을 드러내는 중요한 요소가 될 수 있습니다. 말은 단순한 의사소통 수단을 넘어, 우리의 성격과 내면을 반영하는 거울이기 때문입니다.

무심코 던진 말은 우리의 진심을 드러냅니다. 우리가 깊이 생각하지 않고 내뱉는 말은 종종 우리의 진정한 감정과 생각을 반영합니다. 예를 들어, 누군가에게 무심코 "정말 잘했어"라고 말할 때, 이는 그 사람에 대한 우리의 진심 어린 칭찬을 나타냅니다. 반면, "그게 뭐야?"와 같은 부정적인 말은 우리의 무관심이나 비판적인 태도를 드러낼 수 있습니다. 따라서 우리는 항상 우리의 말이 상대방에게 어떤 영향을 미칠지 신중하게 고려해야 합니다.

무심코 던진 말은 우리의 성격을 반영합니다. 우리의 말투와 표현 방식은 우리가 어떤 사람인지를 보여주는 중요한 단서입니다. 예를 들어, 정중하고 예의 바른 말은 우리가 상대방을 존중하고 배려하는 사람임을 나타냅니다. 반면, 무례하고 공격적인 말은 우리가 상대방을 존중하지 않거나 적대적인 성향을 가질 수 있음을 나타냅니다. 따라서 우리는 항상 우리의 말이 우리의 성격을 어떻게 반영하는지 주의해야 합니다.

무심코 던진 말은 신뢰를 형성하는 데 중요한 역할을 합니다. 진심 어린 말은 상대방에게 우리의 진정성을 전달하며, 이는 신뢰를 쌓는 데 큰 도움이 됩니다. 예를 들어, "네가 있어서 정말 고마워"라는 말은 상대방에게 우리의 감사를 전달하며, 신뢰를 형성하는 데 중요한 역할을 합니다. 반면, 변덕스럽고 불성실한 말은 상대방에게 불신을 불러일으킬 수 있습니다. 따라서 우리는 항상 진심 어린 말을 사용하여 신뢰를 형성해야 합니다.

무심코 던진 말은 관계의 질을 결정합니다. 우리가 사용하는 말은 상대방과의 관계의 질을 크게 좌우합니다. 예를 들어, 존중과 배려가 담긴 말은 상대방에게 긍정적인 인상을 주며, 이는 관계를 더욱 견고하게 만듭니다. 반면, 무례하고 공격적인 말은 상대방에게 부정적인 인상을 주며, 이는 관계를 악화시킬 수 있습니다. 따라서 우리는 항상 상대방을 존중하고 배려하는 말을 사용하여 건강하고 긍정적인 관계를 유지해야 합니다.

무심코 던진 말은 갈등을 해결하는 데 중요한 역할을 합니다. 갈등 상황에서 부드럽고 이해심 있는 말은 문제를 해결하고 관계를 회복하는 데 큰 도움이 됩니다. 예를 들어, "미안해, 내가 잘못했어"라는 말은 상대방에게 우리의 진정성을 전달하며, 갈등을 해결하는 데 중요한 역할을 합니다. 반면, 공격적이고 방어적인 말은 갈등을 더욱 악화시킬 수 있습니다. 따라서 우리는 항상 갈등 상황에서도 부드럽고 이해심 있는 말을 사용하여 문제를 해결해야 합니다.

"무심코 던진 한 마디에 품격이 드러난다"는 말은 우리가 사용하는 말이 우리의 성격과 내면을 어떻게 반영하는지를 강조합니다. 우리는 이 말을 통해, 말이 감정, 성격, 신뢰, 관계, 갈등 해결에 얼마나 큰 영향을 미치는지를 깨닫게 됩니다. 따라서 우리는 항상 신중하고 진심 어린 말을 사용하여 건강하고 의미 있는 인간관계를 형성할 수 있도록 노력해야 합니다. 우리의 말은 우리의 품격을 드러내며, 다른 사람들에게 깊은 영향을 미칩니다. 그러므로 우리는 항상 책임감 있게 말하고, 긍정적인 변화를 이끌어내기 위해 노력해야 합니다.

삶의 지혜는 수시로 듣는 데서 비롯되고
삶의 후회는 대개 말하는 데서 일어난다

삶의 지혜는 우리가 살아가면서 얻는 중요한 교훈과 통찰을 의미합니다. 이러한 지혜는 주로 듣는 데서 비롯됩니다. 듣는다는 것은 단순히 소리를 듣는 것을 넘어, 상대방의 말을 진심으로 이해하고 공감하는 것을 포함합니다. 반면, 삶의 후회는 대개 말하는 데서 비롯됩니다. 말은 우리의 생각과 감정을 표현하는 중요한 수단이지만, 때로는 신중하지 못한 말이 후회를 남기기도 합니다.

듣는 것은 지혜를 쌓는 중요한 방법입니다. 우리는 다른 사람들의 경험과 이야기를 통해 많은 것을 배울 수 있습니다. 특히, 나이와 경험이 많은 사람들의 이야기는 우리에게 큰 교훈을 줍니다. 그들의 성공과 실패, 기쁨과 슬픔을 듣는 것은 우리의 삶에 큰 도움이 됩니다. 또한, 듣는 것은 상대방을 존중하는 행위입니다. 상대방의 말을 경청함으로써 우리는 그들에게 존중과 관심을 표현할 수 있습니다.

듣는 것은 관계를 강화하는 데 중요한 역할을 합니다. 우리는 대화를 통해 다른 사람들과 연결되고, 그들과의 관계를 발전시킵니다. 이 과정에서 중요한 것은 상대방의 말을 잘 듣는 것입니다. 상대방의 말을 경청하고, 그들의 감정과 생각을 이해하려는 노력은 관계를 더욱 깊고 의미 있게 만듭니다. 반면, 자신의 말만을 고집하고 상대방의 말을 무시하는 태도는 관계를 악화시킬 수 있습니다.

말은 우리의 생각과 감정을 표현하는 중요한 수단입니다. 그러나 때로는 신중하지 못한 말이 후회를 남기기도 합니다. 우리는 감정이 격해질 때, 혹은 상황을 충분히 이해하지 못한 상태에서 말을 하게 될 때 후회를 하게 됩니다. 이러한 말들은 때로는 상대방에게 상처를 주고, 관계를 악화시키기도 합니다. 따라서 우리는 말을 할 때 신중해야 하며, 상대방의 입장을 고려하는 것이 중요합니다.

말과 듣기의 균형을 맞추는 것이 중요합니다. 우리는 자신의 생각과 감정을 표현하는 것도 중요하지만, 상대방의 말을 듣는 것도 그만큼 중요합니다. 이 균형을 맞추는 것은 우리의 대인 관계를 더욱 원활하게 하고, 삶의 지혜를 쌓는 데 도움이 됩니다. 특히, 중요한 결정을 내릴 때는 다양한 의견을 듣고,

신중하게 생각한 후에 결정을 내리는 것이 중요합니다.

들는 것은 자기 성찰과 성장의 기회를 제공합니다. 우리는 다른 사람들의 이야기를 들으면서 자신의 삶을 돌아보고, 더 나은 방향으로 나아갈 수 있는 기회를 얻습니다. 또한, 듣는 것은 우리의 감정과 생각을 조절하는 데 도움이 됩니다. 우리는 다른 사람들의 이야기를 들으면서 자신의 감정을 조절하고, 더 이성적으로 생각할 수 있게 됩니다.

삶의 지혜는 수시로 듣는 데서 비롯되고, 삶의 후회는 대개 말하는 데서 일어납니다. 우리는 다른 사람들의 이야기를 듣고, 그들의 경험과 교훈을 통해 많은 것을 배울 수 있습니다. 또한, 말을 할 때는 신중하게 생각하고, 상대방의 입장을 고려하는 것이 중요합니다. 이러한 태도는 우리의 삶을 더욱 풍요롭게 하고, 후회를 줄이는 데 도움이 됩니다.

말의 품격은
자신의 퍼스널 브랜드이다

　말은 단순한 의사소통 수단을 넘어, 개인의 이미지와 신뢰를 형성하는 중요한 요소입니다. 우리가 사용하는 언어와 표현 방식은 우리의 성격, 가치관, 그리고 전문성을 반영합니다. 따라서 말의 품격을 유지하는 것은 곧 나의 퍼스널 브랜드를 구축하는 것과 같습니다.

　품격 있는 말은 신뢰를 쌓는 데 중요한 역할을 합니다. 정중하고 예의 바른 언어는 상대방에게 존중 받고 있다는 느낌을 주며, 이는 곧 신뢰로 이어집니다. 예를 들어, 비즈니스 상황에서 품격 있는 말은 협상과 협력을 원활하게 하고, 장기적인 관계를 구축하는 데 도움이 됩니다.

　말의 품격은 개인의 이미지를 형성합니다. 우리는 말하는 방식과 내용으로 타인에게 첫인상을 남깁니다. 긍정적이고 건설적인 언어를 사용하는 사람은 긍정적인 이미지를 형성하며, 이는 사회적, 직업적 성공으로 이어질 수 있습니다. 반면, 부정적이고 공격적인 언어는 부정적인 이미지를 남기고, 관계를 악화시킬 수 있습니다.

품격 있는 말은 자기 존중과 자존감을 반영합니다. 자신을 존중하는 사람은 타인에게도 존중을 받을 가능성이 높습니다. 이는 곧 자신감으로 이어지며, 자신감 있는 사람은 더 나은 리더십과 영향력을 발휘할 수 있습니다. 또한, 품격 있는 말은 갈등 상황에서도 평정심을 유지하게 도와줍니다. 감정이 격해질 때에도 차분하고 이성적인 언어를 사용하면, 상황을 더 나쁘게 만들지 않고 해결로 이끌 수 있습니다.

말의 품격은 문화적, 사회적 배경을 반영합니다. 각 문화와 사회는 고유한 언어적 규범과 예절을 가지고 있습니다. 이러한 규범을 이해하고 존중하는 것은 글로벌 시대에 필수적입니다. 다양한 문화적 배경을 가진 사람들과의 소통에서 품격 있는 말은 상호 이해와 존중을 증진시킵니다.

품격 있는 말은 지속적인 자기 개발과 학습을 통해 이루어집니다. 언어는 끊임없이 변화하고 발전합니다. 따라서 우리는 항상 새로운 표현과 언어적 기술을 배우고, 이를 통해 우리의 말의 품격을 높여야 합니다. 독서, 토론, 교육 프로그램 참여 등 다양한 방법을 통해 언어적 역량을 강화할 수 있습니다.

말의 품격은 단순한 언어 사용을 넘어, 개인의 퍼스널 브랜드를 형성하는 중요한 요소입니다. 품격 있는 말은 신뢰와 존경을 얻고, 긍정적인 이미지를 형성하며, 자기 존중과 자존감을 반영합니다. 또한, 문화적 이해와 존중을 증진시키고, 지속적인 자기 개발을 통해 더욱 발전할 수 있습니다. 따라서 우리는 항상 말의 품격을 유지하고, 이를 통해 우리의 퍼스널 브랜드를 강화해야 합니다.

이청득심(以聽得心),
들어야 마음을 얻는다

이청득심(以聽得心)은 "들어야 마음을 얻는다"는 뜻으로, 상대방의 말을 경청함으로써 그들의 마음을 얻을 수 있다는 의미를 담고 있습니다. 이 사자성어는 인간관계에서 경청의 중요성을 강조하며, 우리가 어떻게 다른 사람들과 더 깊고 의미 있는 관계를 맺을 수 있는지를 보여줍니다. 경청은 신뢰를 쌓는데 중요한 역할을 합니다. 상대방의 말을 진심으로 듣고 이해하려는 노력은 그들에게 존중 받고 있다는 느낌을 줍니다. 이는 곧 신뢰로 이어지며, 신뢰는 모든 인간관계의 기초가 됩니다. 예를 들어, 친구나 가족, 동료와의 대화에서 상대방의 말을 경청하면, 그들은 우리의 진심을 느끼고 더 깊은 신뢰를 형성하게 됩니다.

경청은 갈등을 해결하는 데 효과적입니다. 갈등 상황에서 우리는 종종 자신의 입장만을 고집하고 상대방의 말을 무시하기 쉽습니다. 그러나 상대방의 말을 경청하고 그들의 입장을 이해하려는 노력은 갈등을 해결하는 데 큰 도움이 됩니다. 상대방의 감정과 생각을 이해하면, 우리는 더 나은 해결책을 찾을 수 있으며, 갈등을 평화롭게 해결할 수 있습니다. 경청은 자기 성찰과 성장의 기회를 제공합니다. 우리는 다른 사람들의 이야기를 들으면서 자신의 삶을 돌아보고, 더 나은 방향으로 나아갈 수 있는 기회를 얻습니다. 또한, 경청은 우리의 감정과 생각을 조절하는 데 도움이 됩니다. 우리는 다른 사람들의 이야기를 들으면서 자신의 감정을 조절하고, 더 이성적으로 생각할 수 있게 됩니다.

경청은 사회적, 직업적 성공에 중요한 요소입니다. 직장에서 상사나 동료의 말을 경청하면, 우리는 더 나은 협력과 소통을 이룰 수 있습니다. 이는 곧 업무 성과로 이어지며, 우리의 직업적 성공을 도와줍니다. 또한, 사회적 상황에서도 경청은 중요한 역할을 합니다. 우리는 다양한 사람들과의 대화를 통해 새로운 지식과 정보를 얻을 수 있으며, 이는 우리의 사회적 역량을 강화하는 데 도움이 됩니다. 경청은 공감과 이해를 증진시킵니다. 우리는 다른 사람들의 이야기를 들으면서 그들의 감정과 생각을 이해하고 공감할 수 있습니다. 이는 우리의 인간관계를 더욱 깊고 의미 있게 만듭니다. 공감과 이해는 우리가 다른 사람들과 더 나은 관계를 맺고, 서로를 지원하는 데 중요한 역할을 합니다.

경청은 우리의 정신적, 정서적 건강에 긍정적인 영향을 미칩니다. 우리는 다른 사람들의 이야기를 들으면서 스트레스를 줄이고, 더 긍정적인 감정을 느낄 수 있습니다. 또한, 경청은 우리의 자존감을 높이는 데 도움이 됩니다. 우리는 다른 사람들의 이야기를 들으면서 자신을 더 잘 이해하고, 더 나은 방향으로 성장할 수 있습니다.

이청득심(以聽得心)은 "들어야 마음을 얻는다"는 뜻으로, 경청의 중요성을 강조하는 사자성어입니다. 경청은 신뢰를 쌓고, 갈등을 해결하며, 자기 성찰과 성장을 도와줍니다. 또한, 사회적, 직업적 성공에 중요한 요소이며, 공감과 이해를 증진시킵니다. 따라서 우리는 항상 상대방의 말을 경청하고, 이를 통해 더 깊고 의미 있는 인간관계를 맺어야 합니다.

경청의 상대는
입이 아니고 귀를 원한다

경청은 단순히 상대방의 말을 듣는 것이 아니라, 그 말의 의미를 이해하고 공감하며 반응하는 것을 의미합니다. 이 과정에서 중요한 것은 우리의 '귀'입니다. 귀로 듣는다는 것은 단순히 소리를 인식하는 것이 아니라, 상대방의 감정과 생각을 깊이 이해하는 것입니다. 이는 진정한 경청의 핵심입니다.

많은 사람들은 대화에서 자신의 입으로 말을 많이 하는 것이 중요하다고 생각하지만, 사실 더 중요한 것은 상대방의 말을 귀 기울여 듣는 것입니다. 상대방은 자신의 이야기를 들어줄 '귀'를 원하며, 이것이 바로 진정한 소통의 시작입니다. 경청은 상대방을 존중하고 그들의 감정을 이해하는 데서 출발하며, 이는 인간 관계를 깊고 의미 있게 만듭니다. 경청의 상대가 입이 아닌 귀를 원한다는 것은, 대화를 할 때 우리의 말보다는 듣는 자세가 더 중요하다는 것을 강조합니다. 상대방이 자신의 이야기를 충분히 할 수 있도록 시간을 주고, 그들의 감정을 이해하려는 노력이 필요합니다. 이는 상대방에게 진정한 관심과 애정을 보여주는 방법이며, 그들이 존중받는 느낌을 주는 중요한 요소입니다.

우리가 경청할 때, 상대방의 비언어적 신호도 주의 깊게 살펴야 합니다. 표정, 몸짓, 눈빛 등의 비언어적 신호는 말보다 더 많은 정보를 전달할 수 있습니다. 이러한 신호를 잘 파악하고 이에 반응하는 것은 상대방의 감정을 더 깊이 이해하고 공감하는 데 큰 도움이 됩니다. 경청은 또한 우리의 인간 관계에서 신뢰를 쌓는 중요한 방법입니다. 잘 들어주는 사람은 상대방에게 신뢰를 얻으며, 이는 더 나은 관계를 형성하는 데 도움이 됩니다. 사람들은 자신의 이야기를 잘 들어주는 사람에게 마음을 열게 되며, 이는 깊고 의미 있는 인간 관계로 이어집니다.

경청의 상대는 입이 아니고 귀를 원한다는 것은 우리가 대화에서 상대방의 이야기를 진정으로 들어야 한다는 것을 강조합니다. 경청은 단순한 듣기가 아니라, 이해와 공감을 통해 상대방의 감정과 생각을 깊이 이해하는 것입니다. 잘 들어주는 것은 더 나은 대화를 만들고, 인간 관계를 더욱 돈독히 하는 데 중요한 역할을 합니다. 이러한 경청의 자세는 우리가 보다 성숙하고 지혜로운 삶을 살아가는 데 큰 도움이 될 것입니다. 경청은 우리의 일상 생활에서 지속적으로 연습하고 실천해야 할 중요한 기술입니다. 이를 통해 우리는 더 나은 소통을 이루고, 주변 사람들과 더 깊고 의미 있는 관계를 형성할 수 있습니다. 경청의 상대는 입이 아닌 귀를 원하며, 이를 기억하고 실천하는 것이 우리의 삶을 더욱 풍요롭게 만들 것입니다.

  '경청의 상대는 입이 아니고 귀를 원한다.' 이 단순한 진리가 우리의 대화와 인간 관계에 큰 변화를 가져올 수 있습니다. 잘 듣는 태도는 우리를 더 나은 사람으로 성장하게 하고, 주변 사람들과의 관계를 더욱 풍요롭게 만드는 데 중요한 역할을 합니다. 경청의 중요성을 항상 기억하고, 우리의 대화에서 이를 실천하는 것이 우리의 인간 관계를 더욱 깊고 의미 있게 만들 것입니다. 우리는 상대방의 이야기를 귀 기울여 듣고, 그들의 감정과 생각을 이해하며, 이를 통해 더 나은 소통을 이루어 나가야 합니다. 이러한 경청의 자세는 우리가 살아가는 데 있어 큰 지혜와 도움이 될 것입니다. 항상 상대방의 이야기에 귀를 기울이고, 그들의 감정을 이해하며, 이를 통해 더 나은 대화를 나누는 것이 우리의 목표가 되어야 합니다. 경청의 상대는 입이 아닌 귀를 원하며, 이를 실천하는 것이 우리의 인간 관계를 더욱 돈독히 하는 데 큰 도움이 될 것입니다.

경청(傾聽)의 대가,
오바마 리더십

버락 오바마 전 미국 대통령은 경청의 중요성을 몸소 실천한 리더로 잘 알려져 있습니다. 그의 리더십은 단순히 명령을 내리는 것이 아니라, 다양한 목소리를 듣고 이를 정책에 반영하는 데 중점을 두었습니다. 이러한 경청의 리더십은 오바마가 미국 역사상 첫 흑인 대통령으로서 직면한 수많은 도전과 변화의 시기에 특히 빛을 발했습니다.

오바마의 경청 리더십은 신뢰를 쌓는 데 중요한 역할을 했습니다. 그는 다양한 의견을 존중하고, 반대 의견조차도 경청하는 태도를 보였습니다. 예를 들어, 2013년 미 국방대학교 연설 중 반전 운동가의 비판을 경청하고, 그들의 목소리를 존중하는 모습을 보였습니다. 이는 그의 리더십이 단순히 권위에 의존하지 않고, 진정한 소통을 통해 신뢰를 구축하는 데 중점을 두었음을 보여줍니다.

오바마는 경청을 통해 갈등을 해결하고, 다양한 의견을 조율하는 능력을 발휘했습니다. 그의 리더십은 다원적 사회에서 다양한 이익과 의견을 조화롭게 조율하는 데 중점을 두었습니다. 이는 민주적 절차를 존중하고, 모든 목소리를 공정하게 듣는 태도로 나타났습니다. 이러한 접근은 그의 정책 결정 과정에서 중요한 역할을 했으며, 다양한 사회적 그룹의 지지를 얻는 데 기여했습니다.

오바마의 경청 리더십은 공감과 이해를 증진시켰습니다. 그는 단순히 듣는 것을 넘어, 상대방의 입장을 이해하고 공감하려는 노력을 기울였습니다. 이는 그의 연설과 대화에서 자주 드러났으며, 많은 사람들에게 깊은 인상을 남겼습니다. 오바마는 자신의 경험과 이야기를 통해 사람들과 공감대를 형성하고, 그들의 이야기를 진심으로 듣는 모습을 보였습니다

오바마의 경청 리더십은 그의 정치적 성공에도 큰 영향을 미쳤습니다. 그는 다양한 배경과 의견을 가진 사람들과의 소통을 통해 폭넓은 지지를 얻었습니다. 이는 그의 선거 캠페인과 대통령 재임 기간 동안 나타났으며, 많은 사람들이 그의 리더십을 신뢰하고 지지하게 만들었습니다. 오바마는 경청을 통해 사람들의 마음을 얻고, 그들의 지지를 이끌어내는 데 성공

했으며, 그의 후임자들에게도 중요한 교훈을 남겼습니다.

그는 경청의 중요성을 강조하며, 이를 통해 더 나은 사회를 만들 수 있음을 보여주었습니다. 그의 리더십은 단순히 명령을 내리는 것이 아니라, 다양한 목소리를 듣고 이를 반영하는 데 중점을 두었습니다. 이는 현대 사회에서 리더가 갖추어야 할 중요한 덕목 중 하나로, 많은 사람들에게 영감을 주고 있습니다.

버락 오바마의 리더십은 경청의 중요성을 강조하며, 이를 통해 신뢰를 쌓고, 갈등을 해결하며, 공감과 이해를 증진시켰습니다. 그의 경청 리더십은 다양한 의견을 존중하고, 이를 정책에 반영하는 데 중점을 두었으며, 이는 그의 정치적 성공과 많은 사람들의 지지를 이끌어내는 데 큰 역할을 했습니다. 오바마의 리더십은 현대 사회에서 리더가 갖추어야 할 중요한 덕목을 잘 보여주고 있습니다.

잘 들어야,
잘 말할 수 있다

잘 듣는 것은 단순히 상대방의 말을 듣는 것이 아니라, 그 말을 이해하고 공감하며 적절하게 반응하는 것을 의미합니다. 잘 듣는 능력은 효과적인 커뮤니케이션의 기본이자, 인간 관계를 형성하고 유지하는 데 있어서 중요한 요소입니다. 우리가 잘 들을 때, 우리는 상대방의 감정과 생각을 정확히 파악할 수 있고, 이는 우리가 더 나은 대화를 나누는 데 큰 도움이 됩니다.

우리는 상대방의 말을 끝까지 들어야 합니다. 중간에 끼어들거나 자신의 생각을 강요하는 대신, 상대방의 말을 존중하고, 그들의 이야기가 끝날 때까지 기다리는 태도가 필요합니다. 이렇게 함으로써 우리는 상대방에게 존중을 표하고, 그들이 자신의 이야기를 충분히 할 수 있도록 돕습니다.

적극적인 경청을 통해 우리는 더 깊은 이해를 할 수 있습니다. 단순히 고개를 끄덕이거나 '네', '아'와 같은 반응을 넘어서, 우리는 상대방의 말을 반복하거나 요약하며, 질문을 통해 그들의 감정을 확인할 수 있습니다. 이는 우리가 상대방의 말을 더 잘 이해하고, 그들의 입장에서 생각해 보는 데 도움을 줍니다.

우리는 비언어적 신호에도 주의를 기울여야 합니다. 표정, 몸짓, 눈빛 등은 말보다 더 많은 정보를 전달할 수 있습니다. 이러한 비언어적 신호를 잘 파악하고, 이에 적절히 반응함으로써 우리는 더 깊은 수준의 이해와 공감을 이끌어낼 수 있습니다.

잘 듣는 능력은 우리가 말을 할 때에도 큰 영향을 미칩니다. 상대방의 이야기를 잘 들었다면, 우리는 그들의 입장과 감정을 고려한 반응을 할 수 있게 됩니다. 이는 대화를 더욱 원활하게 만들고, 상호 간의 신뢰를 증진시키는 데 중요한 역할을 합니다. 또한, 잘 듣는 사람은 대화에서 더욱 설득력 있고, 존중받는 위치에 서게 됩니다.

잘 말하기 위해서는 무엇보다도 잘 들어야 한다는 사실을 기억해야 합니다. 잘 듣는 사람은 상대방의 입장을 이해하고, 그에 따라 적절하게 대응할 수 있는 능력을 갖추게 됩니다. 이는 우리가 다른 사람들과의 대화에서 오해를 줄이고, 더 깊은 이해와 공감을 이끌어낼 수 있는 방법입니다.

잘 듣는 것은 잘 말하기의 기본입니다. 우리는 상대방의 말을 존중하고, 끝까지 들어주며, 적극적인 경청과 비언어적 신호를 이해하는 태도를 가져야 합니다. 이러한 경청의 자세는 우리가 더 나은 대화를 나누고, 인간 관계를 더욱 돈독히 하는 데 큰 도움이 됩니다. 잘 들을 때, 우리는 비로소 잘 말할 수 있는 능력을 갖추게 되며, 이는 우리의 삶에서 중요한 교훈이 될 것입니다.

2부

선인들의 명언

말을 신중히 하고
행동을 신속히 하라

　공자의 "말을 신중히 하고 행동을 신속히 하라"는 가르침은 신중함과 신속함이라는 두 축이 조화를 이룰 때 진정한 실천적 지혜가 완성됨을 보여줍니다. 언어는 생각의 창이자 관계의 다리이기에, 한 마디가 가진 파장을 고려하지 않은 경솔한 발언은 인간관계에 균열을 낳습니다. 특히 디지털 시대에 타인의 심연을 건드리는 소셜 미디어의 글 한 줄은 물리적 행동보다 더 깊은 상처를 남길 수 있기에, 말의 무게를 재는 태도가 현대인에게 요구되는 덕목으로 자리 잡았습니다.

　행동에 관한 교훈은 단순한 신속성 이상의 함의를 지닙니다. 철저한 숙고 후 내린 결단을 주저 없이 실행에 옮기는 것은 기회 포착과 문제 해결의 열쇠입니다. 이는 맹목적인 돌진이 아니라, 때로는 강물이 흐르듯 자연스럽게 상황에 스며드는 유연함을 요구합니다. 계절이 변하는 것처럼 때에 맞춰 움직이는 행동력은 변화의 물살을 타고 목적지에 도달하는 배와도 같습니다.

말과 행동의 균형은 인생의 줄타기와 같습니다. 언어로만 쌓은 성은 허상에 불과하며, 행동만을 강조하면 방향을 잃기 쉽습니다. 진정한 신뢰는 입술에서 흘러나온 말이 발바닥의 굳은살로 증명될 때 비로소 완성됩니다. 마치 씨앗을 뿌린 농부가 가꾸기를 게을리하지 않듯, 말로 약속한 것에는 반드시 행동이라는 물줄기가 필요합니다.

이 원칙은 조직 리더십의 핵심으로 작용합니다. 신중한 화법으로 팀원의 마음을 모으고, 결단력 있는 실행력으로 불확실성을 헤쳐 나가는 리더는 진정한 신뢰의 초석을 쌓습니다. 사회적 차원에서도 이중적 실천은 협력의 질을 결정짓습니다. 공동체 구성원이 말의 책임을 다하며 동시에 행동의 속도를 맞출 때, 교차로에 선 사회는 올바른 방향으로 나아갈 동력을 얻습니다.

디지털 혁명 시대에 이 유교적 가르침은 새 빛을 발합니다. 인공지능이 생성한 수많은 언어 사이에서 진정성 있는 목소리를 내는 것, 초연결 사회에서 기민하게 변화에 대응하는 것이야말로 현대적 실천으로 재해석됩니다. 공자의 지혜는 디지털 문명 속에서도 변치 않는 나침반 역할을 하며, 말과 행동 사이의 간극을 메우는 인간다움을 일깨워줍니다. 또한, 이 가르침은 개인의 삶에서도 중요한 지침이 됩니다. 말과 행동이 일치하는 삶을 통해 우리는 더 나은 자신을 만들어 나갈 수 있습니다.

말에는 반드시 신용이 있어야 하고,
행동에는 반드시 결과가 있어야 한다

공자의 "언필신 행필과(言必信 行必果)"는 인간 존재의 근간을 이루는 두 기둥—말의 신뢰성과 공자의 "언필신 행필과(言必信 行必果)"는 인간 존재의 근간을 이루는 두 기둥—말의 신뢰성과 행동의 결과성—을 조화시키는 지혜를 전합니다. 입에서 뿌려진 말씨앗은 신용이라는 토양에서만 진정한 관계의 나무로 자라나며, 손끝에서 피어나는 행동의 꽃은 오직 열매 맺는 의지로써 생명력을 얻습니다. 한마디 약속이 천금과 같은 무게를 지닌 사회에서는 말 한 번이 다리를 놓기도, 성벽을 쌓기도 하는 힘을 발휘합니다. 이는 현대의 디지털 공간에서 더욱 절실히 요구되는 덕목으로, 화면 속 타자를 누르는 순간에도 그 말뜻이 실체적 책임을 지닌 추진력이 되어야 함을 의미합니다.

행동의 세계에서는 의도보다 결과가 진실을 증명합니다. 땀방울이 밑바탕이 된 발자국만이 인생의 지도에 좌표를 남기듯, 과정의 아름다움은 궁극적 성취와 맞닿을 때 완성됩니다. 노력의 흔적을 자양분 삼아 목표라는 열매를 맺는 행동력은, 단순한 동력이 아니라 책임이라는 나침반을 품은 항해입니다. 실패한 시도조차도 결과를 직시하는 성찰적 태도 속에서 다음 출발의 디딤돌이 됩니다. 여기서 '결과'는 성공만을 의미하지 않으며, 행위와 현실의 진솔한 마주침 그 자체가 가치입니다.

이 원리는 현대 사회의 초연결성 속에서 새롭게 해석됩니다. 소셜미디어에 올라가는 한 줄의 댓글이 실제 인간관계에 파문을 일으키는 시대, 가상과 현실의 경계가 무너진 공간에서 말의 신뢰도는 디지털 발자국의 투명성으로 재정의됩니다. 기업의 사회적 책임(CSR) 활동이 홍보용 슬로건을 넘어 측정 가능한 영향력 평가를 요구받듯, 개인의 일상적 행동도 데이터화되는 세상에서 공자의 가르침은 예측 가능성과 책임성을 요구하는 글로벌 시민사회의 기본 규범으로 자리잡았습니다.

이 명언은 자기성찰의 거울 역할을 합니다. 약속을 지키는 사소한 습관이 쌓여 인격의 기둥을 세우고, 목표 달성의 경험들이 삶의 지도를 그리는 잉크가 됩니다. 저녁마다 일기의 페이지를 채우듯 하루의 말과 행동을 점검하는 성찰적 실천은, 무너진 신뢰를 복원하는 사회적 치료제이자 개인의 정신적 성장 촉매제입니다. 여기서 신용은 외부에 대한 계약 이행을 넘어 자기 자신과의 약속 수행으로 확장됩니다.

　이 교훈은 문명의 교차로에 선 인류에게 방향을 제시합니다. 인공지능이 생성한 가짜 뉴스와 가상현실의 모호한 경계 속에서, 인간의 말과 행동이 담보하는 진정성은 문명의 마지막 보루가 됩니다. 디지털 유목민 시대에 공자의 가르침은 데이터 바다를 항해하는 배의 닻처럼, 변치 않는 신뢰와 투명한 결과주의로 인간성의 등대 역할을 합니다. 말과 행동이 일치하는 순간, 우리는 비로소 타인과의 연결고리를 넘어 시대와 소통하는 주체로 우뚝 설 수 있습니다.

말은 마음의 거울이다
그 사람의 진심을 비춘다

공자의 "말은 마음의 거울이다"는 경구는 언어가 단순한 소통 도구를 넘어 내면의 풍경을 투영하는 창임을 일깨워줍니다. 우리가 내뱉는 단어들은 눈에 보이지 않는 마음의 주름을 포착해, 기쁨의 미소부터 상처받은 내밀한 감정까지 세상에 드러냅니다. 따뜻한 말 한마디가 봄날의 햇살처럼 관계를 녹이기도, 차가운 언어가 서리처럼 마음을 얼리기도 하죠. 이처럼 언어는 감정의 스펙트럼을 입체적으로 전달하는 3D 홀로그램과 같습니다.

말투와 어조는 성격의 지문처럼 개인의 정체성을 증명합니다. 정중한 호칭 사용에서 배려의 문화가 읽히고, 성급한 말끝에서는 조바심의 그림자가 드리워집니다. 마치 와인잔에 남은

테두리처럼 언어 습관에는 인격의 깊이와 세월의 풍화 작용이 고스란히 배어있습니다. 상대의 말 한 구절에 귀 기울이는 것만으로도 그 사람의 인생 여정을 추적할 수 있는 이유이죠.

진정성 있는 언어는 신뢰라는 다리를 건설하는 철근입니다. "꼭 지킬게"라는 약속이 행동으로 실현될 때, 그 말은 공중에 흩어지는 수증기가 아니라 콘크리트로 굳어집니다. 반면 말과 행동이 어긋날 때마다 관계의 교각은 균열을 보이기 시작하죠. 신뢰 경제학에서 말의 가치는 화폐처럼 유통되지만, 그 실물가치는 언행일치라는 금본위제에 의해 좌우됩니다.

건강한 인간관계는 언어 예술가의 손길이 필요합니다. 갈등의 화염 속에서 "내 탓이에요"라는 진심 어린 사과는 진화의 물을 뿌리고, "너를 믿어"라는 격려의 문장은 흔들리는 마음에 버팀목이 됩니다. 이처럼 언어는 정원사의 가위처럼 관계의 가지를 치고 꽃피우는 도구입니다. 상대의 말꽃 한 송이에 집중하는 순간, 소통의 화단에는 이해라는 향기가 퍼져나갑니다.

언어의 힘은 진심의 농도에 있습니다. 화려한 수사법보다 마음의 진동수를 맞추는 것이 중요하죠. 외교관의 정중한 외교 사절보다 어머니의 허투루 던진 속삭임이 더 깊은 울림을 주는 이유입니다. 우리가 말이라는 거울을 매일 닦아내는 이유는 타인의 마음을 비추기 전에 먼저 자신의 진심을 돌아보기 위함입니다. 언어의 결정체 속에 스며든 마음의 빛깔이 바로 인간관계의 품질을 결정짓는 순금이기 때문입니다.

말이 많으면
쓸데없는 말이 많아진다

    노자의 명언 "말이 많으면 쓸데없는 말이 많아진다"는 그의 철학과 사상을 잘 나타내는 중요한 교훈입니다. 이 명언은 말의 중요성과 그에 따른 신중함을 강조합니다. 말이 많아질수록 쓸데없는 말이 섞이기 쉽고, 이는 오해와 갈등을 초래할 수 있습니다. 따라서 말을 할 때 그 의미와 목적을 명확히 하고, 꼭 필요한 말만 하도록 권장합니다. 이는 우리가 일상에서 말을 하는 방식을 성찰하게 하며, 불필요한 말을 줄이고 의미 있는 대화를 하도록 돕습니다.

    침묵의 가치는 매우 큽니다. 침묵은 상대방에게 경청의 기회를 주고, 자신의 생각을 정리할 시간을 제공합니다. 또한, 침묵은 불필요한 갈등을 피하고, 상황을 더 잘 이해할 수 있게 도와줍니다. 침묵을 통해 내면의 평화를 찾고, 더 깊은 통찰을 얻을 수 있습니다. 침묵은 말로 표현하기 어려운 감정을 전달할 수 있는 중요한 도구이며, 이를 통해 우리는 상대방과의 소통에서 더 많은 것을 배울 수 있습니다.

말의 영향력은 사람의 마음과 행동에 큰 영향을 미칩니다. 따라서 말을 할 때 그 영향력을 고려하고, 신중하게 선택해야 합니다. 말은 사람을 격려하거나 상처를 줄 수 있으며, 상황을 개선하거나 악화시킬 수 있습니다. 말의 힘을 인식하고, 그 힘을 긍정적으로 사용하도록 노력해야 합니다. 이는 우리가 말을 할 때 그 말이 다른 사람에게 미칠 영향을 깊이 생각하게 합니다.

자기 성찰은 매우 중요합니다. 말을 줄이고, 자신의 내면을 성찰하는 시간을 가지는 것은 자신의 생각과 감정을 더 잘 이해하고, 더 나은 결정을 내리는 데 도움이 됩니다. 자기 성찰을 통해 자신의 말과 행동을 더 잘 통제할 수 있으며, 더 성숙한 인간으로 성장할 수 있습니다. 자기 성찰을 통해 우리는 자신의 진정한 욕구와 필요를 파악하고, 그것을 바탕으로 더 나은 결정을 내릴 수 있습니다.

사회적 조화는 말이 많아지면 깨질 수 있습니다. 불필요한 말은 오해와 갈등을 초래하며, 이는 사회적 관계를 해칠 수 있습니다. 따라서 말을 줄이고, 상대방의 말을 경청하며, 사회적 조화를 유지하는 것이 중요합니다. 이는 더 나은 소통과 협력을 가능하게 하며, 사회 전체의 발전에 기여합니다. 우리가 상대방의 말을 경청하고, 서로의 입장을 이해하며 소통할 때, 우리는 더 나은 사회를 만들 수 있습니다.

말에는 길이 있으며,
그 길을 따라야 한다

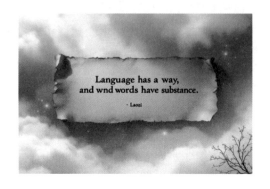

노자의 명언 "언유도이사(言有道而辭)"는 언어와 소통의 중요성을 강조합니다. 이는 우리의 말이 단순한 소리의 나열이 아니라, 일정한 원칙과 도리를 따라야 한다는 의미를 담고 있습니다. 노자는 말이 세상을 바꿀 수 있는 힘을 가지고 있다고 보았으며, 따라서 그 말이 올바른 길을 따라야 함을 강조했습니다.

말에는 길이 있다는 것은 우리의 말이 올바른 방향으로 나아가야 함을 의미합니다. 말은 사람과 사람 사이의 다리 역할을 하며, 그 다리가 튼튼하고 안전해야 서로의 마음을 잘 전달할 수 있습니다. 우리는 말할 때 상대방의 입장을 고려하고, 그들의 감정과 상황을 이해하며 말을 해야 합니다. 이러한 태도는 서로 간의 신뢰와 존중을 쌓는 데 도움이 됩니다.

길을 따라야 한다는 것은 우리의 말이 일정한 원칙과 도리를 따라야 한다는 것입니다. 말에는 책임이 따르며, 그 책임을 다하기 위해서는 신뢰와 진실성이 필요합니다. 진실되고 신뢰할 수 있는 말은 다른 사람에게 신뢰를 주고, 그들과의 관계를 긍정적으로 형성하는 데 큰 도움이 됩니다.

잘못된 말은 사람들 사이에 오해와 갈등을 초래할 수 있으며, 이는 궁극적으로 사회 전체에 부정적인 영향을 미칠 수 있습니다. 반면, 올바른 말은 사람들을 격려하고, 긍정적인 변화를 이끌어낼 수 있는 힘을 가지고 있습니다. 따라서 우리는 말의 힘을 인식하고, 이를 좋은 방향으로 사용하기 위해 노력해야 합니다.

말의 힘을 올바르게 사용하기 위해서는 먼저 경청하는 자세가 중요합니다. 다른 사람의 말을 경청함으로써 우리는 그들의 입장과 감정을 이해할 수 있으며, 이는 우리의 말을 통해 더욱 효과적으로 소통할 수 있게 합니다. 경청은 단순히 말하지 않는 것이 아니라, 적극적으로 상대방의 말을 이해하고 공감하는 것을 의미합니다. 이를 통해 우리는 상호 이해와 신뢰를 쌓을 수 있습니다.

또한, 우리는 말할 때 항상 신중하고, 그 말이 가지는 무게와 책임을 깊이 인식해야 합니다. 특히 현대 사회에서는 SNS와 같은 매체를 통해 말이 빠르게 확산될 수 있기 때문에, 우리의 말이 다른 사람에게 미칠 영향을 항상 고려해야 합니다.

진실되고 신뢰할 수 있는 말은 거짓말이나 과장을 피하고, 상대방에게 신뢰를 주는 데 도움이 됩니다. 긍정적인 언어는 상대방의 자존감을 높이고, 동기부여를 촉진하며, 더 나은 인간관계를 형성하는 데 도움이 됩니다.

노자의 명언을 통해, 언어와 소통의 중요성을 인식하고, 우리의 말이 올바른 길을 따라야 함을 깨닫게 됩니다. 이를 통해 우리는 더 나은 인간관계와 사회를 형성하며, 개인적으로도 성장하고 발전할 수 있을 것입니다.

성은 본래 선하지만, 배우지 않으면 변하게 된다

맹자의 명언, "성은 본래 선하지만, 배우지 않으면 변하게 된다"는 인간 본성의 선함과 교육의 중요성을 강조합니다. 이 명언은 인간이 본래 선한 존재이지만, 교육과 학습을 통해 그 선함을 유지하고 발전시킬 수 있다는 뜻을 내포하고 있습니다.

먼저, 인간 본성은 본래 선하다고 주장합니다. 이는 모든 인간이 태어날 때부터 선한 본성을 가지고 있다는 의미입니다. 인간의 본성이 선하다는 것을 강조하며, 이를 통해 인간의 도덕적 가능성을 인정하고 있습니다. 예를 들어, 아기가 태어나면서부터 주변 사람들에게 웃음을 주고, 기쁨을 나누는 행동을 보일 때, 이는 인간의 선한 본성을 보여주는 사례입니다. 이러한 본성은 인간이 타고난 도덕적 잠재력을 나타내며, 이를 통해 인간은 선한 행동을 할 수 있는 능력을 가지고 있습니다.

하지만, 교육과 학습이 없다면 이러한 선한 본성이 변할 수 있다고 경고합니다. 이는 인간이 교육을 받지 않으면 자신의 본성을 잃고 부정적인 방향으로 변할 수 있다는 것을 의미합니다. 교육은 인간이 자신의 선한 본성을 유지하고 발전시키는 데 중요한 역할을 합니다. 예를 들어, 어린 시절부터 도덕적 가치를 배우지 못한 사람은 성장하면서 이기적이거나 비도덕적인 행동을 할 가능성이 높습니다. 이는 교육이 인간의 도덕적 성장을 촉진하는 데 필수적임을 보여줍니다.

또한 자기 성찰의 중요성을 강조합니다. 인간은 자신의 행동과 생각을 반성하고, 이를 통해 자신의 본성을 되돌아볼 필요가 있습니다. 자기 성찰을 통해 인간은 자신의 본성을 이해하고, 이를 바탕으로 더 나은 사람이 될 수 있습니다. 예를 들어, 자신의 잘못된 행동을 반성하고 올바른 길로 나아가는 과정은 인간의 도덕적 성장을 촉진합니다. 이는 인간이 자신의 도덕적 기준을 세우고, 이를 통해 올바른 행동을 할 수 있는 능력을 기르는 데 도움이 됩니다.

현대 사회에서도 여전히 유효합니다. 오늘날의 복잡한 사회 구조 속에서 도덕적 가치와 교육의 중요성은 더욱 강조되고 있습니다. 기술의 발전과 정보의 홍수 속에서 인간은 더욱더 자기 성찰과 도덕적 교육을 통해 자신의 본성을 유지하고 발전시켜야 합니다. 이는 개인의 성장뿐만 아니라 사회 전체의 발전에도 중요한 역할을 합니다. 도덕적 교육을 통해 인간은 더 나은 사람이 되고, 더 나은 사회를 만들어 나가는 데 힘써야 합니다.

맹자의 명언은 인간 관계에서도 중요한 시사점을 제공합니다. 인간이 서로 존중하고 배려하는 관계를 유지하기 위해서는 도덕적 교육이 필수적입니다. 이는 가정, 학교, 사회 전반에서 이루어져야 합니다. 예를 들어, 부모는 자녀에게 도덕적 가치를 가르치고, 학교는 학생들에게 올바른 행동을 장려하며, 사회는 도덕적 기준을 세워 이를 지켜나가는 것이 중요합니다. 이러한 교육과 학습을 통해 인간은 자신의 본성을 유지하고, 사회적 조화를 이루는 데 기여할 수 있습니다. 이는 사회 전체의 도덕적 수준을 높이는 데 중요한 역할을 합니다.

말은 반드시 그 출발점을 알고, 말을 맺을 때는 그 끝을 알아야 한다

맹자의 명언, "말은 반드시 그 출발점을 알고, 말을 맺을 때는 그 끝을 알아야 한다"는 말의 시작과 끝을 명확히 인식할 것을 강조하는 명언입니다. 이는 단순한 소통 기술을 넘어, 말이 지닌 의미와 책임을 깊이 이해하라는 교훈으로, 말의 출발점과 결말을 정확히 아는 것이 올바른 소통의 핵심임을 시사합니다. 맹자께서는 말이 단순한 소리의 나열이 아니라, 그 무게와 결과에 대한 성찰이 동반되어야 함을 역설하셨습니다.

이는 공자(孔子)의 "언불신즉사립불족(言不信則事立不足)"과도 맥을 같이하며, 진실성과 책임감을 바탕으로 한 언어 사용이 인간과 사회의 조화를 이끌어낸다는 동양 철학의 깊은 통찰을 반영합니다.

말의 출발점을 안다는 것은 말을 시작할 때 그 의도와 목적을 명확히 하는 것을 의미합니다. 이는 전달하려는 메시지의 본질을 이해하고, 왜 그 말이 필요한지에 대한 이유를 분명히 하는 과정입니다. 예를 들어, 피드백을 줄 때 "잘못된 부분을 지적한다"는 표면적 목적뿐 아니라 "상대의 성장을 돕기 위해"라는 근본 의도를 명확히 해야 합니다. 출발점이 흐릿하면 오해와 갈등을 초래할 수 있으므로, 의도된 메시지를 정확히 전달하기 위해 말의 기반을 세우는 것이 중요합니다. 이는 마치 여행자가 목적지를 정하지 않고 길을 나서면 방향을 잃듯, 말 또한 명확한 출발점 없이는 소통의 본질이 흐려집니다.

말을 끝맺을 때는 그 영향력과 결과를 고려해야 합니다. 말의 끝은 상대방의 반응과 파장을 예측하며, 자신의 언어가 미칠 사회적·개인적 효과를 숙고하는 것을 포함합니다. 맹자께서는 말의 책임을 다하기 위해 결과에 대한 예측과 수용이 필수적이며, 이를 통해 신뢰를 쌓는 소통이 가능하다고 보셨습니다. 예컨대, SNS에 성급하게 올린 한 마디가 악의적 해석을 부르거나 관계를 악화시킬 수 있듯, 말의 끝을 모르는 채 발설하는 것은 불씨를 남기는 행위입니다. 반면, 말의 결과를 고려한 사과나 격려는 갈등을 해소하고 유대감을 강화합니다. 이는 "말이 씨가 된다"는 속담처럼 언어의 파급력을 경계해야 함을 상기시킵니다.

이 교훈은 디지털 시대에 더욱 절실합니다. SNS 등으로 말이 순식간에 확산되는 현대 사회에선 말의 시작과 끝에 대한 고민 없이는 예측하지 못한 부작용을 맞을 수 있습니다. 2020년 대유행 당시 허위 정보가 확산되어 사회적 혼란을 초래한 사례나, 익명성 뒤에서 남긴 무책임한 댓글이 개인을 절망에 빠뜨린 사건들은 그 대표적 예시입니다. 따라서 신속한 소통 속에서도 의도와 결과를 면밀히 검토하는 신중함이 필요하며, 이는 개인과 사회의 조화를 위한 필수 덕목입니다. 특히 인공지능과 딥페이크 기술이 발달한 오늘날, 진실과 거짓의 경계가 모호해진 만큼 말의 출처와 목적을 투명히 하는 태도가 더욱 중요해졌습니다.

맹자의 가르침은 인간관계와 사회적 책임 실천에도 적용됩니다. 말의 시작과 끝을 명확히 하는 태도는 상대에 대한 존중과 신뢰를 바탕으로 한 소통을 가능하게 하며, 이는 건강한 관계 형성과 사회적 신뢰 구축으로 이어집니다. 예를 들어, 기업의 경영진이 직원과의 소통에서 정책 변경의 배경(출발점)과 기대 효과(끝)를 명확히 설명할 때, 조직 내 불필요한 저항이 줄어들고 협력이 강화됩니다. 궁극적으로 말에 대한 성찰은 개인의 성장과 더 나은 공동체를 만드는 지혜로 작용합니다. 맹자의 철학은 단순한 윤리적 규범이 아니라, 언어를 통해 개인과 사회가 상생하는 실용적 지침임을 보여줍니다.

당신의 말투는
상대방의 마음속에 남는다

　벤자민 프랭클린의 명언, "당신의 말투는 상대방의 마음속에 남는다"는 말투가 다른 사람들에게 미치는 깊은 영향을 강조합니다. 이 명언은 단순히 말의 내용뿐 아니라, 말하는 방식이 상대방의 감정과 기억에 얼마나 큰 영향을 미치는지를 상기시켜줍니다.

　말투는 인간관계에 깊은 영향을 미칩니다. 말투가 단순한 내용 전달을 넘어 상대의 감정과 말투는 인간관계에 깊은 영향을 미칩니다. 말투가 단순한 내용 전달을 넘어 상대의 감정과 기억에 오래도록 각인될 수 있음을 강조했습니다. 따뜻한 말투는 친절함을, 차가운 말투는 적대감을 전달하듯, 말투는 감정의 교류를 좌우하는 핵심 매개체입니다. 말투는 단순한 의사소통 도구가 아니라, 상대방과의 관계를 형성하고 유지하는 중요한 요소입니다.

말투는 우리의 감정을 투영하는 거울입니다. 부드러운 어조는 상대에게 위로를 주고 공감을 이끌어내는 반면, 경직된 어조는 불신을 야기할 수 있습니다. 진심이 담긴 일관된 말투는 관계의 신뢰를 쌓는 기반이 되지만, 불성실한 태도는 마음의 벽을 높입니다. 따라서 진정성을 담은 말투는 인간관계의 견고함을 만들어가는 첫걸음입니다. 말투는 우리의 내면 상태를 반영하며, 이를 통해 상대방에게 우리의 진심을 전달할 수 있습니다.

말투는 관계의 품질을 결정짓습니다. 존중과 배려가 묻어나는 대화는 유대감을 강화하지만, 무례함은 관계를 서서히 갉아먹습니다. 특히 갈등 상황에서 공격적인 어조는 감정의 상처를 깊게 만들고, 이해심 있는 부드러운 말투는 오히려 문제 해결의 실마리가 됩니다. "미안해요"라는 한 마디도 진심이 담겼을 때 비로소 치유의 효과를 발휘하는 이유입니다. 말투는 갈등 상황에서 중요한 역할을 하며, 이를 통해 문제를 해결하고 관계를 회복할 수 있습니다.

말투는 타인뿐 아니라 자신에게도 영향을 미칩니다. 긍정적인 어조는 자신감을 키우고 도전 정신을 북돋우지만, 부정적인 표현은 스스로를 제약하는 함정이 되기도 합니다. "나는 할 수 있어"라는 말투가 내면의 힘을 길러주듯, 일상에서 선택하는 언어 습관은 자존감과 자아상을 형성하는 데 결정적 역할을 합니다. 말투는 우리의 자기 인식을 반영하며, 이를 통해 자신을 긍정적으로 바라볼 수 있습니다.

프랭클린의 명언은 말투가 단순한 습관이 아닌 의식적 실천임을 상기시킵니다. 신중하고 따뜻한 말투는 갈등을 녹이고 신뢰를 회복하며, 궁극적으로 삶의 질을 높입니다. 타인의 마음에 남을 말투를 골라 쓰는 것은 결국 자신과 세상을 대하는 방식을 바꾸는 일입니다.

우리가 오늘 선택한 말투는 내일의 인간관계를 설계하는 힘입니다. 말투의 중요성을 인식하고 이를 개선하려는 노력은 개인의 성장과 더불어 사회적 관계의 질을 높이는 데 큰 기여를 할 수 있습니다. 말투는 우리의 삶 전반에 걸쳐 중요한 역할을 하며, 이를 통해 더 나은 인간관계를 형성하고 유지할 수 있습니다.

말로써 말을 끊으면 말이 그칠 곳이 없으니, 이는 말하지 않음보다 못하다

장자의 명언, "말로써 말을 끊으면 말이 그칠 곳이 없으니, 이는 말하지 않음보다 못하다"는 언어의 한계와 침묵의 가치를 강조합니다. 이 명언은 말로 모든 것을 해결하려 할 때 오히려 문제를 복잡하게 만들 수 있음을 상기시켜줍니다. 때로는 침묵이 더 나은 해결책이 될 수 있으며, 말하지 않음으로 더 깊은 이해와 평화를 얻을 수 있습니다.

장자는 언어의 한계를 지적하며, 침묵의 중요성을 강조합니다. 그는 "말로 말을 끊으면 그칠 곳이 없다"며, 언어의 무한 순환성을 경계합니다. 문제를 해결하기 위해 말을 더 쌓아올리면 오히려 대화는 수렁에 빠지고, 침묵이 오히려 명확한 답이 될 수 있음을 시사합니다. 이는 말의 효용성에 대한 근본적인 성찰을 요구하며, 무언의 소통이 때론 화해보다 강력함을 드러냅니다.

말은 감정과 사유를 전달하지만, 그 자체로 완결되지 않습니다. 논쟁에서 고집스럽게 의견을 반복하면 오히려 감정의 골이 깊어집니다. 장자는 말이 오해를 증폭시키는 '이중 칼날'이 될 수 있음을 경고하며, 설명하려는 욕구가 진실을 가리는 역설을 지적합니다.

말을 멈추었을 때 비로소 내면의 소리가 들립니다. 명상처럼 의도를 비운 순간, 감정의 본질이 드러나고 자기 이해가 깊어집니다. 이는 외부와의 소통 전에 내적 화해를 이루는 과정이며, 침묵이 주는 치유적 가치를 보여줍니다.

침묵은 언어를 초월한 소통의 기술입니다. 친구의 슬픔에 조용히 동행하는 것, 사랑하는 이의 손을 잡는 것—이런 무언의 행동은 공감의 최고 형태입니다. 말로 채우지 않은 공간에 오히려 신뢰가 자라나며, 관계의 본질적 연결고리가 됩니다.

SNS와 실시간 정보에 휩싸인 현대인에게 침묵은 '의식적 선택'입니다. 장자의 통찰은 과잉 소통 사회에서 균형을 찾는 길을 제시합니다. 말을 걸러내고 침묵을 실천할 때, 우리는 진정한 이해와 공존의 방식을 되찾을 수 있습니다. 침묵은 단순히 말을 멈추는 것이 아니라, 내면의 소리를 듣고, 진정한 소통을 이루는 방법입니다.

침묵은 또한 자기 성찰의 기회를 제공합니다. 바쁜 일상 속에서 잠시 멈추고 자신을 돌아보는 시간은 내면의 평화를 가져다줍니다. 이는 스트레스를 줄이고, 정신적 안정을 찾는 데 큰 도움이 됩니다. 침묵 속에서 우리는 자신의 감정과 생각을 정리하고, 더 나은 결정을 내릴 수 있습니다.

또한, 침묵은 창의성을 촉진합니다. 외부의 소음에서 벗어나 조용한 환경에서 우리는 더 깊이 사고하고, 새로운 아이디어를 떠올릴 수 있습니다. 이는 예술가나 작가뿐만 아니라, 모든 사람에게 유익한 과정입니다. 침묵은 우리의 창의적 잠재력을 깨우는 중요한 도구입니다.

이처럼 침묵은 단순한 무언의 상태를 넘어, 우리의 삶에 깊은 영향을 미치는 중요한 요소입니다. 장자의 가르침은 현대 사회에서도 여전히 유효하며, 우리는 이를 통해 진정한 소통과 이해, 그리고 내적 평화를 찾을 수 있습니다.

배움이란 새겨 두는 것이 아니라, 이해하는 것이다

주자(朱熹)의 명언, "배움이란 새겨 두는 것이 아니라, 이해하는 것이다"는 참된 학습의 본질을 강조합니다. 이 명언은 지식의 단순한 암기가 아니라, 이해를 통한 진정한 학습이 중요하다는 점을 상기시켜줍니다. 주자는 지식이 단순히 외워지는 것이 아니라, 심층적인 이해를 통해 내면화되어야 한다고 주장합니다.

주자의 명언은 단순한 암기가 아닌 이해를 통한 학습의 본질을 강조합니다. 정보를 외워 일시적으로 저장하는 것은 진정한 지식 습득이 될 수 없으며, 이해를 통해 내면화된 지식만이 오래 기억되고 실제 상황에 응용될 수 있습니다. 예를 들어 시험을 위해 암기한 내용은 금방 잊히지만, 개념을 이해한 학생은 그 지식을 다양한 맥락에서 활용할 수 있습니다. 이는 학습의 궁극적 목적이 지식의 축적이 아니라 깊은 사고와 통찰에 있음을 보여줍니다.

이해 중심의 학습은 비판적 사고를 요구합니다. 역사를 공부할 때 사건의 연대기만 외우는 것이 아니라 원인과 결과, 사회적 영향을 분석하는 것이 중요합니다. 이처럼 정보를 수동적으로 받아들이지 않고 능동적으로 해석하고 평가하는 과정에서 진정한 학습이 이루어집니다. 비판적 사고는 지식을 단편적인 사실에서 종합적 안목으로 승화시키며, 이를 통해 학습자는 사물의 본질을 꿰뚫는 능력을 기를 수 있습니다.

지속적인 탐구는 이해의 깊이를 더합니다. 과학 분야에서 새로운 이론과 발견은 끊임없이 등장하므로, 단순히 기존 지식을 익히는 데 그쳐서는 안 됩니다. 학습자는 지속적으로 새로운 정보를 탐구하고 연결하며 지식의 구조를 확장해야 합니다. 이러한 과정은 단계적 이해를 쌓아가며 변화하는 환경에 유연하게 대응할 수 있는 토대를 마련해줍니다.

창의성은 이해를 바탕으로 한 학습의 자연스러운 결과입니다. 예술 교육에서 기존 작품의 모방을 넘어 창조적 재해석이 가능한 이유는 작품의 배경과 기법을 이해했기 때문입니다. 이해를 바탕으로 한 창의적 사고는 단순한 재현이 아닌 혁신을 이끌며, 다양한 분야에서 새로운 가치를 창출하는 원동력이 됩니다.

주자의 명언은 학습의 본질이 지식의 양이 아닌 질에 있음을 일깨웁니다. 이해, 비판적 사고, 지속적 탐구, 창의성은 진정한 학습을 이루는 핵심 요소입니다. 이는 단편적인 정보를 넘어 지식과 현실을 연결하는 사고의 틀을 형성하며, 개인과 사회의 발전을 위한 기반이 됩니다. 진정한 배움은 머릿속에 새기는 것이 아니라 마음속에서 피어나는 깨달음입니다. 이러한 학습 과정은 개인의 성장뿐만 아니라 사회 전체의 발전에도 기여할 수 있습니다. 이해를 통한 학습은 단순한 지식 전달을 넘어, 학습자가 주체적으로 사고하고 문제를 해결할 수 있는 능력을 길러줍니다. 이는 궁극적으로 더 나은 미래를 위한 밑거름이 됩니다.

또한, 이해를 통한 학습은 협력과 소통의 중요성을 강조합니다. 학습자는 다른 사람들과의 대화를 통해 새로운 관점을 접하고, 자신의 생각을 더욱 깊이 있게 발전시킬 수 있습니다. 이러한 상호작용은 지식의 폭을 넓히고, 다양한 문제를 해결하는 데 필요한 창의적 아이디어를 도출하는 데 도움을 줍니다. 따라서, 이해를 바탕으로 한 학습은 개인의 성장뿐만 아니라 공동체의 발전에도 중요한 역할을 합니다.

다정하게 말하는 것은
작은 일이 아니다

you we an ik not lithing...

에픽테토스의 명언, "다정하게 말하는 것은 작은 일이 아니다. 그것은 사람의 마음을 치유하는 힘을 가지고 있다"는 친절한 말의 중요성과 그 강력한 영향을 강조합니다. 이 명언은 우리가 사용하는 말이 단순한 의사소통 수단을 넘어, 사람들의 감정과 마음에 깊은 영향을 미친다는 것을 상기시켜줍니다.

다정한 말은 상처받은 마음을 치유하는 힘을 지닙니다. 힘든 시기에 "괜찮아"라는 한 마디는 상대방에게 위로와 용기를 전하며, 정서적 안정을 제공합니다. 이는 단순한 표현을 넘어 공감과 지지의 메시지로 작용해, 개인이 어려움을 극복하는 데 실질적인 도움을 줍니다. 또한, 다정한 말은 상대방에게 자신이 소중한 존재임을 느끼게 하여 자존감을 높이는 데 기여합니다.

진심 어린 말은 인간관계의 신뢰를 구축합니다. "고마워"라는 감사의 표현은 상대방의 가치를 인정하며 관계의 진정성을 강화합니다. 반면 무심코 내뱉은 말은 불신을 초래할 수 있기에, 다정한 말은 신뢰라는 토대를 다지는 데 필수적입니다. 진심 어린 말은 상대방에게 진정한 관심과 애정을 전달하며, 이는 관계의 깊이를 더해줍니다.

친절한 소통은 관계의 깊이와 유대감을 강화합니다. "너는 소중해"라는 말은 애정을 전달함으로써 상대방과의 정서적 연결을 돈독히 합니다. 이는 일방적 의사전달이 아닌 상호 존중을 바탕으로 한 관계의 견고함을 반영합니다. 친절한 소통은 상대방의 감정을 이해하고 배려하는 마음에서 비롯되며, 이는 관계의 질을 높이는 데 중요한 역할을 합니다.

갈등 상황에서 다정함은 화해의 교두보가 됩니다. "미안해"라는 진심 어린 사과는 감정적 충돌을 누그러뜨리고, 상대의 마음을 열어 문제 해결의 실마리를 제공합니다. 이는 공격적인 언어 대신 이해와 배려가 갈등 해결의 열쇠임을 보여줍니다. 다정한 말은 갈등 상황에서도 상대방과의 관계를 유지하고 발전시키는 데 중요한 역할을 합니다.

긍정적인 언어는 자기 자신을 향한 치유이자 성장입니다. "나는 할 수 있어"와 같은 자기격려는 자존감을 높이고, 내면의 힘을 일깨웁니다. 다정한 말은 타인뿐 아니라 자신의 정신적 건강을 지키며, 삶을 대하는 태도를 긍정적으로 변화시킵니다. 긍정적인 언어는 자기 자신을 향한 사랑과 존중을 표현하며, 이는 개인의 성장과 발전에 중요한 영향을 미칩니다.

에픽테토스의 명언은 사소해 보이는 말 한마디가 인간의 감정, 관계, 자아에 미치는 영향이 결코 작지 않음을 일깨웁니다. 다정함은 소통의 기술을 넘어, 마음을 움직이는 치유의 언어로, 우리가 더 나은 사회를 만들기 위해 꾸준히 실천해야 할 인간적 덕목입니다. 다정한 말은 개인의 성장뿐만 아니라 사회 전체의 발전에도 기여할 수 있습니다.

이해를 통한 학습은 단순한 지식 전달을 넘어, 학습자가 주체적으로 사고하고 문제를 해결할 수 있는 능력을 길러줍니다. 이는 궁극적으로 더 나은 미래를 위한 밑거름이 됩니다. 또한, 다정한 말은 협력과 소통의 중요성을 강조합니다. 학습자는 다른 사람들과의 대화를 통해 새로운 관점을 접하고, 자신의 생각을 더욱 깊이 있게 발전시킬 수 있습니다.

이러한 상호작용은 지식의 폭을 넓히고, 다양한 문제를 해결하는 데 필요한 창의적 아이디어를 도출하는 데 도움을 줍니다. 따라서, 이해를 바탕으로 한 학습은 개인의 성장뿐만 아니라 공동체의 발전에도 중요한 역할을 합니다.

말투는 한 인간의
성격을 드러내는 창문이다

마크 트웨인의 명언, "말투는 한 인간의 성격을 드러내는 창문이다"는 우리가 사용하는 말투가 우리의 성격과 본질을 반영한다는 점을 강조합니다. 이 명언은 단순히 말의 내용뿐만 아니라, 말하는 방식이 우리의 내면을 어떻게 드러내는지를 상기시켜줍니다.

말투는 감정의 거울입니다. 부드럽고 따뜻한 어조는 친절함과 배려를 전달해 긍정적 감정을 불러일으키며, 차가운 말투는 무관심이나 적대감을 암시합니다. 이처럼 말투는 단순한 표현을 넘어 내면의 정서를 투영하는 매개체로 작용합니다. 또한, 말투는 상대방에게 자신이 소중한 존재임을 느끼게 하여 자존감을 높이는 데 기여합니다.

언어 습관은 성격의 단면을 드러냅니다. 정중한 어법은 상대에 대한 존중을, 무례한 표현은 자기중심적 태도를 보여줍니다. 말투는 의도하지 않게도 개인의 가치관과 성품을 노출하는 '창문'이 되며, 이는 관계에서 신뢰를 쌓거나 깨뜨리는 기준이 됩니다. 진심 어린 말은 상대방에게 진정한 관심과 애정을 전달하며, 이는 관계의 깊이를 더해줍니다.

진정성 있는 어조가 신뢰의 초석을 세웁니다. 솔직하고 일관된 말투는 진심을 전해 상대의 마음을 열게 하지만, 불성실한 표현은 의심을 키웁니다. 신뢰는 내용보다 전달 방식에서 형성되며, 이는 모든 인간관계의 기본이 됩니다. 진정성 있는 말투는 상대방에게 진정한 관심과 애정을 전달하며, 이는 관계의 깊이를 더해줍니다.

대화의 질이 관계의 깊이를 결정합니다. 존중이 담긴 대화는 유대를 강화하는 반면, 공격적인 어조는 벽을 만듭니다. 친밀감은 공유한 이야기가 아니라 그 이야기를 나눈 방식에서 싹트며, 말투는 관계의 지속 가능성을 좌우하는 요소입니다. 친절한 소통은 상대방의 감정을 이해하고 배려하는 마음에서 비롯되며, 이는 관계의 질을 높이는 데 중요한 역할을 합니다.

갈등 해결의 열쇠는 말투에 있습니다. "미안해요"라는 부드러운 사과는 분노를 가라앉히고 화해의 문을 열지만, 방어적 태도는 대립을 심화시킵니다. 효과적인 소통을 위해선 내용보다 먼저 말하는 태도에 주의해야 함을 강조합니다. 다정한 말은 갈등 상황에서도 상대방과의 관계를 유지하고 발전시키는 데 중요한 역할을 합니다.

마크 트웨인의 명언은 말투가 단순한 습관이 아니라 내면의 성찰과 성장이 필요한 역량임을 환기합니다. 의도적인 언어 선택은 타인과의 관계뿐 아니라 자기 정체성 형성에도 영향을 미치며, 진정한 소통은 말의 내용이 아닌 그 안에 담긴 '사람'에서 시작됨을 일깨웁니다. 다정한 말은 개인의 성장뿐만 아니라 사회 전체의 발전에도 기여할 수 있습니다.

사람들은 당신이 한 말을
잊어버릴 수 있지만, 당신이 그들에게
어떤 감정을 느끼게 했는지는 잊지 않는다

마야 안젤루의 명언, "사람들은 당신이 한 말을 잊어버릴 수 있지만, 당신이 그들에게 어떤 감정을 느끼게 했는지는 잊지 않는다"는 인간 관계에서 감정의 중요성을 강조합니다. 이 명언은 우리가 다른 사람들과 상호작용할 때, 말보다 감정이 더 오래 남는다는 것을 상기시켜줍니다.

사람들은 구체적인 대화 내용보다 그 순간 느낀 기쁨, 슬픔, 친절함, 무례함과 같은 감정을 오래 간직합니다. 예를 들어, 누군가의 따뜻한 응원은 잊히지 않지만, 구체적인 단어는 희미해지기 쉽습니다. 이는 감정이 순간적 경험을 넘어 장기적 기억으로 각인되기 때문이며, 인간의 심리적 구조와 깊이 연결되어 있습니다. 감정은 단순한 순간의 반응이 아니라, 우리의 기억 속에 깊이 새겨져 오랫동안 영향을 미칩니다.

감정은 관계의 견고함을 좌우합니다. 긍정적 감정은 신뢰와 유대감을 형성해 관계를 강화하지만, 부정적 감정은 거리감과 불신을 낳습니다. 가령 친구의 지지적 태도는 우정을 깊게 하는 반면, 상사의 냉담한 태도는 소통의 벽을 만듭니다. 이처럼 상호작용 속 감정은 관계의 방향성을 결정하는 보이지 않는 힘으로 작용합니다. 감정은 관계의 질을 결정짓는 중요한 요소로, 긍정적 감정은 관계를 더욱 견고하게 만들고, 부정적 감정은 관계를 약화시킵니다.

감정은 개인의 동기부여와 행동 변화를 이끕니다. 칭찬이나 격려는 성과를 높이는 에너지가 되지만, 비난이나 무시는 의욕을 저하시킵니다. 예를 들어, 긍정적 피드백을 받은 사람은 적극적으로 도전하는 반면, 부정적 평가에 노출되면 소극적으로 변할 수 있습니다. 이는 감정이 단순한 반응을 넘어 실제 행동의 촉매 또는 억제제로 기능함을 보여줍니다. 감정은 우리의 행동을 이끄는 중요한 동력으로 작용하며, 긍정적 감정은 우리의 행동을 촉진하고, 부정적 감정은 우리의 행동을 억제합니다.

타인이 전달한 감정은 자존감과 자기인식에 깊은 영향을 미칩니다. 존중과 인정은 개인의 자신감을 키우지만, 무시나 비난은 자아를 위축시킵니다. 이는 타인의 시선과 평가가 내면의 정체성 형성에 기여하기 때문입니다. 따라서 인간관계에서의 감정적 교류는 단순한 대인 관계를 넘어 개인의 정신적 성장과도 직결됩니다. 감정은 우리의 자아 정체성을 형성하는 중요한 요소로, 타인의 감정적 반응은 우리의 자아 인식과 자존감에 깊은 영향을 미칩니다.

안젤루의 명언은 감정 중심의 소통이 인간관계의 핵심임을 환기합니다. 말보다 감정적 영향력이 오래가므로, 타인에게 긍정적 감정을 전달하려는 의식적 노력이 중요합니다. 이는 건강한 관계 구축은 물론, 사회적 조화와 개인의 정신적 풍요로움을 이루는 토대가 됩니다. 감정의 힘을 이해하고 활용하는 것이 현명한 소통의 첫걸음입니다. 감정은 인간관계의 핵심 요소로, 긍정적 감정을 전달하려는 노력이 건강한 관계를 구축하고, 사회적 조화와 개인의 정신적 풍요로움을 이루는 데 중요한 역할을 합니다.

당신의 말투는 당신이 말하고자 하는 모든 것을 좌우한다

톰 피터스의 명언, "당신의 말투는 당신이 말하고자 하는 모든 것을 좌우한다"는 말투가 의사소통의 효과와 결과에 얼마나 큰 영향을 미치는지를 강조합니다. 이 명언은 단순히 말의 내용뿐만 아니라, 말하는 방식이 우리의 메시지를 어떻게 전달하는지를 상기시켜줍니다.

톰 피터스의 명언은 의사소통에서 말투의 결정적 역할을 강조합니다. 단순한 내용 이상으로, 말투는 메시지의 명확성과 설득력을 좌우합니다. 자신감 있고 단호한 말투는 주장을 강화하지만, 불확실하고 망설이는 말투는 메시지를 희미하게 만듭니다. 이는 말투가 단순히 정보를 전달하는 도구가 아니라, 그 정보의 영향력을 확장하거나 축소하는 매개체임을 보여줍니다.

말투는 감정을 전파하는 강력한 수단입니다. 따뜻함이나 친절함은 호의와 공감을 표현하지만, 차갑고 단호한 어조는 무관심이나 적대감을 암시합니다. 예를 들어, 동일한 내용이라도 말투에 따라 상대방이 받아들이는 감정적 뉘앙스가 달라집니다. 이처럼 말투는 언어적 내용을 넘어 비언어적 메시지를 실어 나르는 역할을 합니다.

진솔하고 일관된 말투는 신뢰의 기반을 마련합니다. 상대방은 말투에서 진정성을 읽어내며, 이는 관계의 견고함으로 이어집니다. 반면, 불성실하거나 변덕스러운 어조는 의심을 자아내 신뢰를 깨뜨립니다. 따라서 신뢰는 단순한 말의 내용이 아니라, 그 말이 전달되는 방식에 의해 구축되거나 붕괴됩니다.

존중과 배려가 담긴 말투는 긍정적 관계를 촉진하지만, 무례하거나 공격적인 어조는 갈등을 유발합니다. 예를 들어, 직장 내에서 상사의 권위적 말투는 팀원의 사기를 저하시키고, 동료 간의 경청과 존중의 어조는 협업을 원활하게 합니다. 말투는 관계의 분위기를 조성하는 보이지 않는 사회적 계약과 같습니다.

갈등 상황에서 말투는 해결의 열쇠가 됩니다. 부드럽고 공감적인 어조는 상대의 방어심을 낮추고 문제 해결로 이끌지만, 공격적이거나 방어적인 태도는 대립을 심화시킵니다. 사과나 이해를 표현할 때 진심 어린 말투는 관계 회복에 기여합니다.

이는 말투가 갈등 관리의 실질적 도구로 기능함을 의미합니다.

이처럼 말투는 단순한 언어적 표현을 넘어, 인간관계의 질과 결과를 좌우하는 중요한 요소입니다. 말투의 선택은 개인의 의사소통 능력을 강화하며, 사회적 연결의 질을 높이는 데 기여합니다. 따라서 우리는 말투의 중요성을 인식하고, 의식적으로 긍정적이고 진정성 있는 말투를 선택해야 합니다. 이는 개인의 성장뿐만 아니라, 더 나은 사회적 관계를 형성하는 데 중요한 역할을 합니다.

또한, 말투는 문화적 배경과 상황에 따라 다르게 해석될 수 있습니다. 예를 들어, 어떤 문화에서는 직접적이고 단호한 말투가 존중의 표현으로 받아들여질 수 있지만, 다른 문화에서는 무례하게 여겨질 수 있습니다. 따라서 말투를 선택할 때는 상대방의 문화적 배경과 상황을 고려하는 것이 중요합니다. 이는 글로벌 시대에 효과적인 의사소통을 위한 필수적인 요소입니다.

톰 피터스의 통찰은 말투가 단순한 표현 방식이 아니라, 인간관계의 구조와 결과를 형성하는 핵심 요소임을 일깨워줍니다. 의식적인 말투 선택은 개인의 소통 능력을 넘어 사회적 연결의 질을 결정합니다. 우리는 말투의 중요성을 인식하고, 긍정적이고 진정성 있는 말투를 선택함으로써 더 나은 사회적 관계를 형성할 수 있습니다.

더 나아가, 말투는 리더십에서도 중요한 역할을 합니다. 리더는 말투를 통해 팀원들에게 비전을 제시하고 동기를 부여할 수 있습니다. 긍정적이고 격려하는 말투는 팀의 사기를 높이고, 목표 달성을 위한 협력을 촉진합니다. 반면, 부정적이고 비판적인 말투는 팀의 사기를 저하시키고, 성과를 저해할 수 있습니다. 따라서 리더는 말투의 중요성을 인식하고, 이를 효과적으로 활용하여 팀의 성과를 극대화해야 합니다.

말할 때 신중하라,
말은 당신의 생각을 드러내는
중요한 매개체다

워렌 버핏의 명언, "말할 때 신중하라, 말은 당신의 생각을 드러내는 중요한 매개체다"는 언어의 중요성과 그 영향력을 강조합니다. 이 명언은 우리가 사용하는 말이 단순한 정보 전달 이상의 역할을 하며, 우리의 생각과 인격을 반영한다는 것을 잘 보여줍니다. 따라서 우리는 말의 중요성을 인식하고, 신중하게 언어를 사용해야 합니다.

말은 우리의 사고방식을 드러냅니다. 우리가 사용하는 단어와 표현은 우리의 생각과 믿음을 반영하며, 이는 우리의 행동에 직접적인 영향을 미칩니다. 긍정적인 언어를 사용하는 사람은 긍정적인 사고방식을 가지게 되며, 이는 그들의 행동에도 긍정적인 영향을 미칩니다. 반면, 부정적인 언어를 사용하는 사람은 부정적인 사고방식을 가지게 되어, 이는 그들의 행동에도 부정적인 영향을 미칠 수 있습니다.

말은 우리의 진정성을 전달합니다. 우리가 진심으로 말할 때, 상대방은 우리의 말을 더 신뢰하게 됩니다. 따뜻하고 진심 어린 말투는 상대방에게 우리의 진정성을 전달하며, 신뢰를 형성하는 데 큰 도움이 됩니다. 반면, 차갑고 무관심한 말투는 상대방에게 불쾌감을 줄 수 있으며, 이는 관계를 악화시킬 수 있습니다. 진정성 있는 언어 사용은 신뢰를 쌓고, 건강한 인간 관계를 유지하는 데 필수적입니다.

말은 사람들 간의 관계를 형성하고 유지하는 데 중요한 역할을 합니다. 진실되고 일관된 언어는 상대방에게 신뢰를 줍니다. 약속을 지키고 솔직하게 말하는 것은 상대방에게 신뢰를 형성하는 데 큰 도움이 됩니다. 신뢰는 모든 인간관계의 기초이며, 이는 언어를 통해 형성됩니다. 따라서 우리는 항상 진실되고 일관된 언어를 사용하여 신뢰를 쌓아야 합니다.

말은 우리의 자아와 자존감에도 큰 영향을 미칩니다. 긍정적인 말을 사용하는 사람은 자신에 대해 긍정적인 생각을 가지며, 이는 높은 자존감으로 이어집니다. 반면, 부정적인 말을 사용하는 사람은 자신에 대해 부정적인 생각을 가지게 하며, 이는 낮은 자존감으로 이어질 수 있습니다.

부드러운 말 한마디는 짧고 간단하지만 그 메아리는 끝없이 계속된다

　마더 테레사의 명언, "부드러운 말 한마디는 짧고 간단하지만 그 메아리는 끝없이 계속된다"는 친절한 말의 중요성과 그 지속적인 영향을 강조합니다. 이 명언은 우리가 사용하는 말이 단순한 순간의 표현을 넘어, 오랜 시간 동안 사람들의 마음에 깊은 영향을 미친다는 것을 상기시켜줍니다. 따라서 우리는 항상 신중하고 부드러운 말을 사용하여 긍정적인 영향을 미칠 수 있도록 노력해야 합니다.

　부드러운 말은 사람들에게 위로와 안정을 줍니다. 힘들고 지친 순간에 누군가의 부드러운 말 한마디는 큰 위로가 될 수 있습니다. 이러한 부드러운 말은 상대방의 마음을 치유하고, 그들이 다시 일어설 수 있는 용기를 줍니다. 또한, 부드러운 말은 스트레스를 줄이고, 심리적인 안정을 가져다줍니다. 이는 개인의 정신 건강에도 긍정적인 영향을 미칩니다.

부드러운 말은 신뢰를 형성합니다. 진심 어린 부드러운 말은 상대방에게 우리의 진정성을 전달하며, 이는 신뢰를 쌓는 데 큰 도움이 됩니다. 반면, 무관심하거나 차가운 말은 상대방에게 불신을 불러일으킬 수 있습니다. 따라서 우리는 항상 진심 어린 부드러운 말을 사용하여 신뢰를 형성해야 합니다. 신뢰는 모든 인간관계의 기초이며, 이는 언어를 통해 형성됩니다.

부드러운 말은 관계를 강화합니다. 다른 사람들과의 관계에서 부드러운 말을 사용할 때, 그 관계는 더욱 견고해집니다. 이러한 부드러운 말은 상대방에게 우리의 애정을 전달하며, 관계를 더욱 강화합니다. 반면, 무례하거나 공격적인 말은 관계를 악화시킬 수 있습니다. 따라서 우리는 항상 부드러운 말을 사용하여 건강하고 긍정적인 관계를 유지해야 합니다. 이는 가족, 친구, 동료 등 모든 인간관계에 적용될 수 있습니다.

부드러운 말은 우리의 자아와 자존감에도 긍정적인 영향을 미칩니다. 부드러운 말을 사용할 때, 우리는 자신에 대해 긍정적인 생각을 가지게 되며, 이는 높은 자존감으로 이어집니다. 반면, 부정적이고 비판적인 말은 자신에 대해 부정적인 사고를 높일 수 있습니다.

당신이 말하는 방식에
사람들은 가장 영향을 많이 받는다

클라라 바튼의 명언, "당신이 말하는 방식에 사람들은 가장 영향을 많이 받는다"는 언어의 중요성과 그 영향력을 강조합니다. 이 명언은 우리가 사용하는 말뿐만 아니라, 말하는 방식이 다른 사람들에게 얼마나 큰 영향을 미치는지를 잘 보여줍니다. 따라서 우리는 말의 중요성을 인식하고, 신중하고 진심어린 말투를 사용해야 합니다.

말하는 방식은 우리의 감정을 전달하는 중요한 수단입니다. 우리가 사용하는 말투와 어조는 우리의 감정을 상대방에게 전달하며, 이는 상대방의 반응에 큰 영향을 미칩니다. 예를 들어, 부드럽고 따뜻한 말투는 상대방에게 우리의 호의와 관심을 전달할 수 있으며, 이는 긍정적인 상호작용을 촉진합니다.

반면, 차갑고 무관심한 말투는 상대방에게 불쾌감을 줄 수 있으며, 이는 관계를 악화시킬 수 있습니다. 따라서 우리는 항상 우리의 감정을 신중하게 표현해야 합니다.

말하는 방식은 상대방의 감정을 존중합니다. 상대방의 감정을 고려하여 말할 때, 상대방은 우리의 말을 더 잘 받아들입니다. 부드럽고 공감하는 말투는 상대방의 감정을 인정하고 존중하는 태도를 보여줍니다. 이러한 말투는 상대방에게 위로와 지지를 제공하며, 서로 간의 신뢰를 강화합니다. 이는 상대방의 감정을 이해하고 존중하는 데 중요한 역할을 합니다.

갈등 상황에서 신중하고 진심 어린 말투는 문제를 해결하고 관계를 회복하는 데 큰 도움이 됩니다. 이러한 말투는 상대방의 마음을 열게 하고, 서로 간의 신뢰를 회복하는 데 도움이 됩니다. 반면, 공격적이고 방어적인 말투는 갈등을 더욱 악화시킬 수 있습니다. 따라서 우리는 항상 갈등 상황에서도 부드러운 말을 사용하여 문제를 해결해야 합니다.

말하는 방식은 우리의 자아와 자존감에도 큰 영향을 미칩니다. 긍정적이고 진심 어린 말투를 사용하는 사람은 자신에 대해 긍정적인 생각을 가지며, 이는 높은 자존감으로 이어집니다. 반면, 부정적이고 무관심한 말투를 사용하는 사람은 자신에 대해 부정적인 생각을 가지게 됩니다.

당신의 언어는
당신의 영혼의 힘을 나타내는 것이다

짐 론의 명언, "당신의 언어는 당신의 영혼의 힘을 나타내는 것이다"는 언어의 중요성과 그 영향력을 강조합니다. 우리가 사용하는 말은 단순한 정보 전달 이상의 역할을 하며, 우리의 내면과 영혼의 힘을 반영합니다.

긍정적인 언어를 사용하는 사람은 긍정적인 사고방식과 감정을 가지고 있으며, 이는 그들의 영혼의 힘을 나타냅니다. 반면, 부정적인 언어를 사용하는 사람은 부정적인 사고방식과 감정을 가지고 있을 가능성이 높습니다.

우리의 언어는 우리의 자아와 자존감을 형성합니다. 긍정적이고 힘 있는 언어를 사용하는 사람은 자신에 대해 긍정적인 생각을 가지며, 이는 높은 자존감으로 이어집니다. 반면, 부정적이고 약한 언어를 사용하는 사람은 자신에 대해 부정적인 생각을 가지게 되어, 이는 낮은 자존감으로 이어질 수 있습니다.

우리의 언어는 다른 사람들에게 우리의 영혼의 힘을 전달합니다. 우리가 사용하는 언어는 다른 사람들에게 우리의 내면 세계를 보여주며, 이는 그들과의 관계 형성에 중요한 역할을 합니다. 상대방에게 우리의 진심을 전달하며, 그들과의 관계를 더욱 깊고 의미 있게 만듭니다. 이러한 말은 서로 간의 이해를 높이고, 건강한 인간관계를 형성하는 데 중요한 요소입니다.

우리의 언어는 우리의 행동에 영향을 미칩니다. 우리가 사용하는 언어는 우리의 사고방식과 감정에 영향을 미치며, 이는 우리의 행동으로 이어집니다. 긍정적인 언어를 사용하는 사람은 긍정적인 행동을 하게 되며, 이는 그들의 삶에 긍정적인 변화를 가져옵니다. 반면, 부정적인 언어를 사용하는 사람은 부정적인 행동을 하게 되어, 이는 그들의 삶에 부정적인 영향을 미칠 수 있습니다.

우리의 언어는 우리의 영혼의 힘을 강화합니다. 긍정적이고 힘 있는 언어를 사용하는 사람은 자신의 영혼의 힘을 강화하며, 이는 그들의 삶에 긍정적인 영향을 미칩니다. 긍정적인 언어는 자신감과 용기를 북돋우며, 어려운 상황에서도 희망을 잃지 않게 합니다.

우리가 사용하는 언어는
우리의 감정과 행동을 형성한다

　　토니 로빈스의 명언, "우리가 사용하는 언어는 우리의 감정과 행동을 형성한다"는 언어의 힘과 중요성을 강조합니다. 우리가 사용하는 말은 단순한 정보 전달 이상의 역할을 하며, 우리의 감정과 행동에 큰 영향을 미칩니다. 언어는 우리의 사고방식을 형성하고, 사용하는 단어와 표현은 우리의 생각과 믿음을 반영하여 행동에 직접적인 영향을 미칩니다. 긍정적인 언어를 사용하는 사람은 긍정적인 사고방식을 가지게 되고, 이는 행동에도 긍정적인 영향을 미칩니다.

　　언어는 우리의 감정을 조절합니다. 사용하는 언어는 감정 상태를 반영하고 동시에 형성합니다. 긍정적인 언어는 자신감을 높이고 긍정적인 감정을 불러일으키며, 이는 우리의 전반적인 정신 건강에도 긍정적인 영향을 미칩니다. 반대로, 부정적인 언어는 자신감을 떨어뜨리고 부정적인 감정을 유발하여 스트레스와 불안감을 증가시킬 수 있습니다. 따라서 우리는 의식적으로 긍정적인 언어를 사용하려는 노력이 필요합니다.

언어는 사람들 간의 관계를 형성하고 유지하는 데 중요한 역할을 합니다. 진실되고 일관된 언어는 상대방에게 신뢰를 주며, 이는 건강한 인간관계를 형성하는 데 필수적입니다. 신뢰는 모든 인간관계의 기초이며, 이는 언어를 통해 형성됩니다. 또한, 언어는 공감과 이해를 표현하는 수단으로 사용되어 관계를 더욱 깊고 의미 있게 만듭니다. 상대방의 감정을 이해하고 지지하는 언어는 관계를 강화하는 데 큰 도움이 됩니다.

갈등 상황에서 언어는 중요한 도구가 됩니다. 진심 어린 사과나 이해를 구하는 말은 문제를 해결하고 관계를 회복하는 데 큰 도움이 됩니다. 진정성을 전달하며 갈등을 해결하는 데 중요한 역할을 합니다. 갈등을 해결하기 위해서는 상대방의 입장을 이해하고 존중하는 언어를 사용하는 것이 중요합니다. 이를 통해 우리는 서로의 차이를 극복하고 더 나은 관계를 형성할 수 있습니다. 이러한 언어 사용은 갈등을 최소화하고 협력을 증진시킵니다.

언어는 우리의 자아와 자존감에도 큰 영향을 미칩니다. 긍정적인 말을 사용하는 사람은 자신에 대해 긍정적인 생각을 가지며, 이는 높은 자존감으로 이어집니다. 긍정적인 말은 자신감을 높이고 자신의 능력을 믿게 합니다. 반면, 부정적인 말을 사용하는 사람은 자신에 대해 부정적인 생각을 가지게 되어 자존감이 낮아질 수 있습니다.

신중한 말투는
오해를 피할 수 있는 최선의 방법이다

조지 워싱턴의 명언, "신중한 말투는 오해를 피할 수 있는 최선의 방법이다"는 언어의 중요성과 그 영향력을 강조합니다. 신중한 말투는 명확한 의사소통을 가능하게 하며, 우리의 의도와 생각을 더 명확하게 전달할 수 있습니다. 반면, 부주의한 말투는 상대방에게 혼란을 줄 수 있으며, 이는 오해를 초래할 수 있습니다.

신중한 말투는 상대방의 감정을 존중합니다. 우리가 신중하게 말할 때, 상대방의 감정을 고려하고 존중하는 태도를 보여줍니다. 이러한 말은 상대방에게 위로와 지지를 제공하며, 서로 간의 신뢰를 강화합니다. 또한, 상대방의 감정을 이해하고 공감하는 태도는 건강한 인간관계를 형성하는 데 중요한 요소입니다.

신중한 말투는 갈등을 예방하고 해결하는 데 중요한 역할을 합니다. 갈등 상황에서 신중하고 진심 어린 말은 문제를 해결하고 관계를 회복하는 데 큰 도움이 됩니다. 이러한 말은 상대방의 마음을 열게 하고, 서로 간의 신뢰를 회복하는 데 도움이 됩니다. 더 나아가, 신중한 말투는 갈등을 미연에 방지하고, 평화로운 대화를 촉진합니다.

신중한 말투는 우리의 감정과 생각을 더 명확하게 전달합니다. 우리는 신중한 언어를 통해 우리의 진심을 표현하며, 이는 상대방에게 우리의 의도를 더 잘 이해하게 합니다. 이러한 말은 서로 간의 이해를 높이고, 건강한 인간관계를 형성하는 데 중요한 요소입니다. 또한, 신중한 말투는 우리의 의사소통 능력을 향상시키고, 더 나은 대인 관계를 유지하는 데 기여합니다.

신중한 말투는 우리의 자아와 자존감에도 큰 영향을 미칩니다. 긍정적이고 신중한 말을 사용하는 사람은 자신에 대해 긍정적인 생각을 가지며, 이는 높은 자존감으로 이어집니다. 반면, 부정적이고 부주의한 말을 사용하는 사람은 자신에 대해 부정적인 생각을 가지게 하며, 이는 낮은 자존감으로 이어질 수 있습니다. 신중한 말투는 자신감과 자기 존중감을 높이는 데 중요한 역할을 하며, 개인의 정신적 건강에도 긍정적인 영향을 미칩니다.

말은 행동보다
강력하다

　한나 아렌트의 명언, "말은 행동보다 강력하다"는 언어의 힘과 중요성을 강조합니다. 말은 단순한 정보 전달 이상의 역할을 하며, 우리의 생각과 감정, 행동에 깊은 영향을 미칩니다.

　긍정적인 말을 자주 사용하는 사람은 긍정적인 사고방식을 가지게 되며, 이는 그들의 행동에도 긍정적인 영향을 미칩니다. 반면, 부정적인 말을 자주 사용하는 사람은 부정적인 사고방식을 가지게 되어, 이는 그들의 행동에도 부정적인 영향을 미칠 수 있습니다. 이러한 언어의 사용은 개인의 삶에 큰 변화를 가져올 수 있습니다.

　말은 사람들 간의 관계를 형성하고 유지하는 데 중요한 역할을 합니다. 진실되고 일관된 언어는 상대방에게 신뢰를 줍니다. 약속을 지키고 솔직하게 말하는 것은 신뢰를 형성하는 데 큰 도움이 됩니다. 신뢰는 모든 인간관계의 기초이며, 이는 언어를 통해 형성됩니다.

갈등 상황에서 진심 어린 사과나 이해를 구하는 말은 문제를 해결하고 관계를 회복하는 데 큰 도움이 됩니다. 이러한 말은 상대방의 마음을 열게 하고, 서로 간의 신뢰를 회복하는 데 도움이 됩니다. 갈등 해결에서 언어의 중요성은 매우 큽니다.

말은 우리의 자아와 자존감에도 큰 영향을 미칩니다. 긍정적인 말을 사용하는 사람은 자신에 대해 긍정적인 생각을 가지며, 이는 높은 자존감으로 이어집니다. 반면, 부정적인 말을 사용하는 사람은 자신에 대해 부정적인 생각을 가지며, 이는 낮은 자존감으로 이어질 수 있습니다.

신중한 말투는 자신감과 자기 존중감을 높이는 데 중요한 역할을 하며, 개인의 정신적 건강에도 긍정적인 영향을 미칩니다. 또한, 긍정적인 말은 스트레스 감소와 더 나은 대인 관계 형성에도 기여할 수 있습니다. 이처럼, 말은 우리의 삶에 깊은 영향을 미치며, 우리의 생각, 감정, 행동, 관계, 자아에 중요한 역할을 합니다.

말의 힘은 세상을 변화시키는 데 사용될 수 있다

버락 오바마의 명언, "말의 힘은 세상을 변화시키는 데 사용될 수 있다"는 언어의 강력한 영향력을 강조합니다. 말은 단순한 의사소통 수단을 넘어, 사회적 변화와 발전을 이끌어낼 수 있는 도구입니다. 오바마 전 대통령은 연설을 통해 많은 사람들에게 영감을 주고, 그들의 생각과 행동을 변화시켰습니다. 그의 "Yes We Can" 연설은 많은 미국인들에게 큰 감동을 주었고, 그들이 변화의 주체가 될 수 있다는 자신감을 심어주었습니다.

말은 사회적 변화를 이끌어낼 수 있는 도구입니다. 역사적으로 많은 사회적 변화와 혁명은 강력한 연설과 글을 통해 이루어졌습니다. 오바마 대통령 역시 그의 연설을 통해 인종 차별,

경제 불평등, 기후 변화 등 다양한 사회적 문제에 대한 인식을 높이고, 이를 해결하기 위한 행동을 촉구했습니다.

말은 갈등을 해결하고, 화합을 이루는 데 중요한 역할을 합니다. 오바마 대통령은 그의 연설을 통해 다양한 의견과 관점을 존중하고, 대화를 통해 갈등을 해결하려는 노력을 기울였습니다. 이러한 접근은 갈등을 줄이고, 더 나은 협력과 화합을 이루는 데 기여했습니다.

말은 개인의 성장과 발전을 촉진할 수 있습니다. 오바마 대통령은 자신의 경험과 이야기를 통해 많은 사람들에게 영감을 주었습니다. 그의 말은 많은 사람들에게 자신을 돌아보고, 더 나은 자신을 만들어가는 동기를 부여했습니다.

말은 공동체의 결속을 강화하는 데 중요한 역할을 합니다. 오바마 대통령은 그의 연설을 통해 미국인들에게 공동체의 중요성을 강조하고, 함께 협력하여 더 나은 사회를 만들어가자고 촉구했습니다. 이렇게 정리된 내용을 통해, 우리는 말이 단순한 의사소통 수단을 넘어, 사람들의 마음을 움직이고, 사회적 변화를 이끌며, 갈등을 해결하고, 개인의 성장을 촉진하며, 공동체의 결속을 강화하는 강력한 도구임을 깨닫게 됩니다.

말이 당신의 인격을
정의할 것이다

에이브러햄 링컨의 명언, "말이 당신의 인격을 정의할 것이다"는 언어의 중요성과 그 영향력을 강조합니다. 우리의 말은 단순한 정보 전달 이상의 역할을 하며, 우리의 인격과 신뢰를 형성하는 데 중요한 역할을 합니다. 진실되고 일관된 언어는 상대방에게 우리의 진정성을 전달하며, 신뢰를 형성하는 데 큰 도움이 됩니다. 반면, 거짓말이나 과장된 말은 우리의 신뢰를 떨어뜨리고, 인격을 의심받게 할 수 있습니다.

우리는 말을 통해 우리의 감정과 생각을 다른 사람들에게 전달하며, 이는 인간관계를 형성하는 데 중요한 역할을 합니다. 긍정적인 말은 상대방과의 관계를 더욱 깊고 의미 있게 만듭니다. 우리가 사용하는 언어는 우리의 가치관과 신념을 드러내며, 다른 사람들에게 우리의 신념을 전달하는 데 중요한 역할을 합니다. 이는 우리의 인격을 정의하는 요소 중 하나입니다.

긍정적인 말을 사용하는 사람은 자신에 대해 긍정적인 생각을 가지며, 이는 높은 자존감으로 이어집니다. 반면, 부정적인 말을 사용하는 사람은 자신에 대해 부정적인 생각을 가지게 되어 낮은 자존감으로 이어질 수 있습니다. 우리의 말은 다른 사람들의 감정과 행동에 영향을 미칠 수 있으며, 긍정적인 말은 상대방에게 자신감을 주고, 그들의 동기를 높일 수 있습니다. 반면, 비판적이거나 부정적인 말은 상대방에게 상처를 주고, 그들의 자존감을 낮출 수 있습니다.

이처럼, 에이브러햄 링컨의 명언은 언어의 힘과 그 중요성을 잘 보여줍니다. 우리는 항상 신중하게 말하며, 긍정적이고 진실된 언어를 사용하여 건강하고 의미 있는 인간관계를 형성할 수 있도록 노력해야 합니다. 또한, 우리의 말은 사회적 분위기와 문화에도 영향을 미칠 수 있습니다. 긍정적이고 배려심 있는 언어는 사회 전체의 분위기를 개선하고, 더 나은 공동체를 만드는 데 기여할 수 있습니다.

우리는 말의 힘을 인식하고, 이를 통해 긍정적인 변화를 이끌어내기 위해 노력해야 합니다. 우리의 말은 단순한 의사소통 수단을 넘어, 우리의 인격과 사회적 관계를 형성하는 중요한 도구임을 잊지 말아야 합니다.

훌륭한 말은
훌륭한 마음에서 나온다

아리스토텔레스의 명언, "훌륭한 말은 훌륭한 마음에서 나온다"는 언어와 마음의 관계를 강조합니다. 이 명언은 우리가 사용하는 말이 단순한 정보 전달 이상의 역할을 하며, 우리의 마음 상태가 언어에 얼마나 큰 영향을 미치는지를 잘 보여줍니다. 우리의 말은 단순한 정보 전달을 넘어, 우리의 내면을 반영합니다.

진정성과 공감은 훌륭한 마음의 핵심입니다. 우리가 진심으로 다른 사람을 생각하고 배려할 때, 우리의 말은 자연스럽게 따뜻하고 진실되게 됩니다. 반면, 마음이 불순하거나 이기적인 생각으로 가득 차 있다면, 우리의 말은 상대방에게 진정성 없이 느껴질 수 있습니다. 진정성과 공감은 인간관계의 기초를 형성합니다.

공감은 관계를 더욱 견고하게 만듭니다. 사람들은 진심 어린 마음에서 나온 말을 들을 때 더 깊은 유대감을 느끼며, 이는 서로 간의 신뢰를 강화합니다. 상대방의 감정을 인정하고 공감하는 태도는 중요한 역할을 합니다. 공감은 서로를 이해하고 존중하는 데 필수적입니다.

훌륭한 마음은 갈등을 해결하는 데 중요한 역할을 합니다. 진심 어린 사과나 이해를 구하는 말은 문제를 해결하고 관계를 회복하는 데 큰 도움이 됩니다. 이러한 말은 상대방의 마음을 열게 하고, 서로 간의 신뢰를 회복하는 데 기여합니다. 갈등 상황에서도 진심 어린 마음은 해결의 열쇠가 됩니다.

훌륭한 마음은 우리의 자아와 자존감에도 큰 영향을 미칩니다. 긍정적이고 진심 어린 마음을 가진 사람은 자신에 대해 긍정적인 생각을 가지며, 이는 높은 자존감으로 이어집니다. 반면, 부정적이고 이기적인 마음을 가진 사람은 자신에 대해 부정적인 생각을 가지게 되며, 이는 낮은 자존감으로 이어질 수 있습니다. 우리의 마음 상태는 자아 존중감에 직접적인 영향을 미칩니다.

우리는 항상 진심 어린 마음을 가지고 말하며, 진정성과 공감을 바탕으로 건강하고 의미 있는 인간관계를 형성할 수 있도록 노력해야 합니다. 우리의 말은 우리의 마음을 반영하며, 이를 통해 더 나은 인간관계를 구축할 수 있습니다.

듣는 사람의 감정을 존중하는 말투는 가장 위대한 소통방식이다

에리히 프롬의 명언, "듣는 사람의 감정을 존중하는 말투는 가장 위대한 소통방식이다"는 언어와 감정의 중요성을 강조합니다. 감정을 존중하는 말투는 단순한 정보 전달을 넘어, 상대방에게 진정성을 전달하여 깊은 인상을 남깁니다. 이는 상대방이 우리의 말을 더 신뢰하게 만들며, 관계 형성에 중요한 역할을 합니다. 진정성 있는 소통은 상대방에게 우리의 진심을 전달하고, 서로 간의 신뢰를 쌓는 데 큰 도움이 됩니다.

감정을 존중하는 말투는 공감을 이끌어내어 더 깊은 유대감을 형성합니다. 사람들은 감정을 공유할 때 더 깊은 유대감을 느끼며, 이는 관계를 더욱 견고하게 만듭니다. 상대방의 감정을 인정하고 공감하는 태도는 서로 간의 신뢰를 강화합니다.

이러한 공감은 서로를 이해하고 지지하는 데 중요한 역할을 합니다.

갈등 상황에서도 감정을 존중하는 말투는 중요한 역할을 합니다. 진심 어린 사과나 이해를 구하는 말은 문제를 해결하고 관계를 회복하는 데 큰 도움이 됩니다. 이는 상대방의 마음을 열게 하고, 서로 간의 신뢰를 회복하는 데 기여합니다. 갈등을 해결하는 과정에서 감정을 존중하는 태도는 상호 이해와 협력을 촉진합니다.

감정을 존중하는 말투는 우리의 감정과 생각을 명확하게 전달하는 데도 중요한 역할을 합니다. 우리는 감정을 통해 우리의 진심을 표현하며, 이는 상대방에게 우리의 의도를 더 잘 이해하게 합니다. 이러한 말은 서로 간의 이해를 높이고, 건강한 인간관계를 형성하는 데 중요한 요소입니다. 명확한 의사소통은 오해를 줄이고, 상호 신뢰를 증진시킵니다.

감정을 존중하는 말투는 우리의 자아와 자존감에도 큰 영향을 미칩니다. 긍정적인 감정을 담은 말을 사용하는 사람은 자신에 대해 긍정적인 생각을 가지며, 이는 높은 자존감으로 이어집니다. 반면, 감정을 무시하는 말투는 자신에 대해 부정적인 생각을 가지게 하며, 이는 낮은 자존감으로 이어질 수 있습니다.

위대한 지도자는
말로 전쟁을 이길 수 있다

윈스턴 처칠의 명언, "위대한 지도자는 말로 전쟁을 이길 수 있다"는 언어의 힘과 지도자의 역할을 강조합니다. 지도자의 말은 군대와 국민에게 희망과 용기를 주며, 전쟁과 같은 극한 상황에서 중요한 역할을 합니다.

처칠은 제2차 세계 대전 동안 그의 연설을 통해 영국 국민과 군인들에게 큰 용기를 주었습니다. 그의 강력하고 감동적인 연설은 사람들에게 희망을 주었고, 그들이 어려운 상황에서도 포기하지 않도록 독려했습니다. 또한, 지도자의 말은 전략적 방향을 제시합니다. 처칠은 그의 연설을 통해 전쟁의 방향과 목표를 명확히 했습니다. 그의 말은 군대와 국민에게 명확한 목표를 제시하고, 그들이 하나의 목표를 향해 나아갈 수 있도록 이끌었습니다.

전쟁 중에는 사기가 매우 중요합니다. 처칠은 그의 연설을 통해 군대와 국민의 사기를 높였습니다. 그의 말은 사람들에게 자신감을 주었고, 그들이 어려운 상황에서도 희망을 잃지 않도록 도왔습니다. 지도자의 말은 국제적 지지를 얻는 데 중요한 역할을 합니다. 처칠은 그의 연설을 통해 국제 사회의 지지를 얻었습니다. 그의 말은 다른 나라들에게 영국의 결의를 보여주었고, 그들이 영국을 지원하도록 이끌었습니다.

지도자의 말은 역사를 기록하는 중요한 도구입니다. 처칠의 연설은 오늘날까지도 많은 사람들에게 영감을 주고 있습니다. 그의 말은 단순한 정보 전달을 넘어, 역사적인 순간을 기록하고, 후세에 교훈을 남깁니다. 지도자의 말은 단결과 결의를 촉구하는 데도 중요한 역할을 합니다. 처칠은 독일의 침략에 맞서 싸울 것을 강조하며, 영국 국민들에게 단결과 결의를 촉구했습니다. 그의 연설은 국민들에게 강한 의지를 심어주었고, 그들이 끝까지 싸울 수 있는 힘을 주었습니다.

지도자의 말은 후세에 교훈을 남기는 중요한 도구입니다. 처칠의 연설은 오늘날까지도 많은 사람들에게 영감을 주고, 그들이 어려운 상황에서도 포기하지 않도록 독려합니다. 그의 말은 단순한 정보 전달을 넘어, 역사적인 순간을 기록하고, 후세에 교훈을 남깁니다.

부드러운 말투는
타인의 감정을 해치지 않고도
진실을 말할 수 있는 유일한 방법이다

조지프 주베르트의 명언, "부드러운 말투는 타인의 감정을 해치지 않고도 진실을 말할 수 있는 유일한 방법이다"는 언어의 힘과 중요성을 강조합니다. 부드러운 말투는 단순한 정보 전달 이상의 역할을 하며, 사람들 간의 관계 형성에 중요한 역할을 합니다. 이는 우리가 사용하는 말이 다른 사람들에게 얼마나 큰 영향을 미치는지를 잘 보여줍니다.

부드러운 말투는 상대방에게 진정성을 전달합니다. 우리가 부드럽고 따뜻한 말투로 진실을 표현할 때, 상대방은 우리의 말을 더 신뢰하게 됩니다. 이는 관계를 더욱 견고하게 만듭니다. 예를 들어, 감사의 표현을 부드럽게 전달하면 상대방에게 깊은 인상을 남길 수 있습니다.

부드러운 말투는 공감을 이끌어냅니다. 사람들은 부드럽고 따뜻한 언어를 통해 더 깊은 유대감을 느끼며, 이는 서로 간의 신뢰를 강화합니다. 공감은 건강한 인간관계를 형성하는 데 중요한 요소입니다. 예를 들어, 상대방의 감정을 인정하고 공감하는 말은 위로와 지지를 제공합니다.

부드러운 말투는 갈등을 해결하는 데 중요한 역할을 합니다. 갈등 상황에서 부드럽고 진심 어린 사과나 이해를 구하는 말은 문제를 해결하고 관계를 회복하는 데 큰 도움이 됩니다. 이는 서로 간의 신뢰를 회복하는 데 중요한 역할을 합니다. 예를 들어, 진심 어린 사과는 상대방의 마음을 열게 합니다.

부드러운 말투는 우리의 감정과 생각을 더 명확하게 전달합니다. 우리는 부드러운 언어를 통해 우리의 진심을 표현하며, 이는 상대방에게 우리의 의도를 더 잘 이해하게 합니다. 이는 건강한 인간관계를 형성하는 데 중요한 요소입니다. 예를 들어, 존경의 표현을 부드럽게 전달하면 상대방에게 깊은 인상을 남길 수 있습니다.

이처럼 부드러운 말투는 진정성과 공감을 바탕으로 건강하고 의미 있는 인간관계를 형성하는 데 중요한 역할을 합니다. 긍정적이고 부드러운 말을 사용하는 사람은 자신에 대해 긍정적인 생각을 가지며, 이는 높은 자존감으로 이어집니다. 이는 자신감을 높이고, 자신의 능력을 믿게 합니다.

부드러운 말은
강한 감정을 전할 수 있다

　제인 오스틴의 명언, "부드러운 말은 강한 감정을 전할 수 있다"는 언어의 힘과 중요성을 강조합니다. 부드러운 말은 상대방에게 진정성을 전달하며, 이는 관계를 더욱 깊고 의미 있게 만듭니다. 부드러운 언어는 상대방에게 우리의 진심을 전달하고, 신뢰를 쌓는 데 중요한 역할을 합니다.

　부드러운 말은 공감을 이끌어내고, 사람들 간의 유대감을 강화합니다. 이는 서로 간의 신뢰를 높이고, 건강한 인간관계를 형성하는 데 중요한 요소입니다. 공감은 상대방의 감정을 이해하고 존중하는 태도를 보여주며, 이는 관계를 더욱 견고하게 만듭니다.

　갈등 상황에서 부드럽고 진심 어린 말은 문제를 해결하고 관계를 회복하는 데 큰 도움이 됩니다. 이는 서로 간의 신뢰를 회복하는 데 중요한 역할을 합니다. 부드러운 사과나 이해를 구하는 말은 갈등을 완화하고, 긍정적인 해결책을 찾는 데 기여합니다.

부드러운 말은 우리의 감정과 생각을 명확하게 전달하며, 상대방이 우리의 의도를 더 잘 이해하게 합니다. 이는 서로 간의 이해를 높이고, 건강한 관계를 형성하는 데 중요한 요소입니다. 명확한 의사소통은 오해를 줄이고, 서로의 기대를 조율하는 데 도움이 됩니다.

긍정적이고 부드러운 말을 사용하는 사람은 자신에 대해 긍정적인 생각을 가지며, 이는 높은 자존감으로 이어집니다. 이는 자신감을 높이고, 자신의 능력을 믿게 합니다. 또한, 이러한 긍정적인 언어 습관은 주변 사람들에게도 긍정적인 영향을 미쳐, 더 나은 사회적 환경을 조성하는 데 기여할 수 있습니다.

부드러운 말은 단순히 개인 간의 관계를 넘어서, 사회 전체의 분위기를 개선하고, 더 나은 공동체를 만드는 데 중요한 역할을 합니다. 부드러운 언어는 사회적 갈등을 줄이고, 협력과 이해를 촉진하는 데 기여할 수 있습니다.

상대방의 감정을 존중하는 말투로 대화하라. 말은 상대의 마음을 열 수도, 닫을 수도 있다

데일 카네기의 명언, "상대방의 감정을 존중하는 말투로 대화하라. 말은 상대의 마음을 열수도, 닫을 수도 있다"는 언어가 단순한 정보 전달 이상의 역할을 하며, 감정이 담긴 언어가 사람들 간의 관계 형성에 얼마나 중요한지를 강조합니다. 말은 상대의 마음을 열 수도, 닫을 수도 있는 힘을 가지고 있습니다. 이는 우리가 사용하는 언어가 단순한 도구가 아니라, 사람들 간의 관계를 형성하고 유지하는 중요한 요소임을 보여줍니다.

감정을 존중하는 말투는 상대방에게 진정성을 전달합니다. 우리가 진심으로 느끼는 감정을 표현할 때, 상대방은 우리의 말을 더 신뢰하게 됩니다. 이는 대화의 신뢰성을 높이고, 더 깊은 이해를 가능하게 합니다. 진정성 있는 대화는 상대방과의 관계를 더욱 강화시키며, 서로의 감정을 이해하고 존중하는 기반을 마련합니다.

감정을 존중하는 말투는 공감을 이끌어내며, 사람들은 감정을 공유할 때 더 깊은 유대감을 느끼게 됩니다. 이는 관계를 더욱 견고하게 만들고, 서로를 더 잘 이해하게 합니다. 공감은 사람들 간의 연결을 강화시키며, 서로의 감정을 이해하고 지지하는 데 중요한 역할을 합니다.

갈등 상황에서도 감정을 존중하는 말투는 중요한 역할을 합니다. 진심 어린 사과나 이해를 구하는 말은 문제를 해결하고 관계를 회복하는 데 큰 도움이 됩니다. 이는 갈등을 해결하고, 더 나은 관계를 형성하는 데 기여합니다. 감정을 존중하는 말투는 갈등 상황에서도 상대방의 감정을 이해하고 존중하는 태도를 유지하게 하여, 더 나은 해결책을 찾을 수 있게 합니다.

감정을 존중하는 말투는 우리의 자아와 자존감에도 큰 영향을 미칩니다. 긍정적인 감정을 담은 말을 사용하는 사람은 자신에 대해 긍정적인 생각을 가지며, 이는 높은 자존감으로 이어집니다. 이는 우리가 서로를 이해하고 존중하는 사회를 만드는 데 중요한 역할을 합니다. 감정을 존중하는 말투는 우리의 자아를 강화시키고, 더 나은 사회를 만드는 데 기여합니다.

말에 감정을 담지 않으면
그 말은 다른 이들에게 다가가지 않는다

샤를 드 푸코의 명언, "말에 감정을 담지 않으면 그 말은 다른 이들에게 다가가지 않는다"는 언어의 힘과 그 안에 담긴 감정의 중요성을 강조합니다. 이 명언은 우리가 사용하는 말이 진정성을 가지고 다른 사람들에게 다가가려면, 그 안에 감정이 담겨 있어야 한다는 것을 설명합니다.

감정이 담긴 말은 공감을 이끌어냅니다. 우리는 감정이 담긴 말을 들을 때, 그 말에 공감하고, 더 깊이 이해하게 됩니다. 이는 인간관계를 형성하고 유지하는 데 필수적입니다. 예를 들어, 친구가 어려운 상황에 처했을 때, 감정을 담아 위로의 말을 건네면, 그들은 우리의 진심을 느끼고 큰 위로를 받을 수 있습니다.

감정이 담긴 말은 긍정적인 상호작용을 촉진합니다. 감정을 담아 말할 때, 상대방이 우리의 말을 더 긍정적으로 받아들이고, 더 나은 상호작용을 할 수 있습니다. 이는 가정, 직장, 친구 관계 등 모든 인간관계에서 적용될 수 있는 진리입니다.

감정이 담긴 말은 우리의 내면을 치유하는 데 도움을 줄 수 있습니다. 우리는 자신의 감정을 표현하고, 다른 사람들과 공유함으로써 마음의 짐을 덜 수 있습니다. 감정을 담아 말하는 것은 우리의 감정을 더 잘 표현할 수 있게 하며, 이는 자기 성찰과 성장에 중요한 요소입니다.

감정이 담긴 말은 갈등을 해결하는 데 효과적입니다. 갈등 상황에서 감정을 담아 부드럽게 말하면, 감정적인 반응을 줄이고, 문제를 해결하는 데 집중할 수 있습니다. 이는 특히 갈등 상황에서 중요합니다. 예를 들어, 논쟁 중에도 감정을 담아 존중하는 말투를 유지하면, 더 건설적인 대화를 나눌 수 있습니다.

감정이 배제된 말은
그 사람의 마음을 닫게 한다

버나드 쇼의 명언, "감정이 배제된 말은 그 사람의 마음을 닫게 한다"는 언어와 감정의 중요성을 강조합니다. 이 명언은 우리가 사용하는 말이 단순한 정보 전달 이상의 역할을 하며, 감정이 담긴 언어가 사람들 간의 관계 형성에 얼마나 중요한지를 잘 보여줍니다.

감정이 담긴 말은 상대방에게 진정성을 전달합니다. 우리가 진심으로 느끼는 감정을 표현할 때, 상대방은 우리의 말을 더 신뢰하게 됩니다. 반면, 감정이 배제된 말은 기계적이고 형식적으로 느껴져 상대방의 마음을 닫게 할 수 있습니다.

감정이 담긴 말은 공감을 이끌어냅니다. 사람들은 감정을 공유할 때 더 깊은 유대감을 느끼며, 이는 관계를 더욱 견고하게 만듭니다. 이러한 말은 상대방에게 위로와 지지를 제공하며, 서로 간의 신뢰를 강화합니다.

감정이 담긴 말은 갈등을 해결하는 데 중요한 역할을 합니다. 갈등 상황에서 진심 어린 사과나 이해를 구하는 말은 문제를 해결하고 관계를 회복하는 데 큰 도움이 됩니다. 이러한 말은 상대방의 마음을 열게 하고, 서로 간의 신뢰를 회복하는 데 도움이 됩니다.

감정이 담긴 말은 우리의 감정과 생각을 더 명확하게 전달합니다. 우리는 감정을 통해 우리의 진심을 표현하며, 이는 상대방에게 우리의 의도를 더 잘 이해하게 합니다. 이러한 말은 서로 간의 이해를 높이고, 건강한 인간관계를 형성하는 데 중요한 요소입니다.

감정이 담긴 말은 우리의 자아와 자존감에도 큰 영향을 미칩니다. 긍정적인 감정을 담은 말을 사용하는 사람은 자신에 대해 긍정적인 생각을 가지며, 이는 높은 자존감으로 이어집니다. 반면, 감정이 배제된 말은 자신에 대해 부정적인 생각을 가지게 하며, 이는 낮은 자존감으로 이어질 수 있습니다.

말투는 그 사람의
내면의 감정을 드러내는 창문이다

존 러스킨의 명언, "말투는 그 사람의 내면의 감정을 드러내는 창문이다"는 우리가 사용하는 말투가 우리의 내면 감정을 어떻게 반영하는지를 강조합니다. 이 명언은 단순히 말의 내용뿐만 아니라, 말하는 방식이 우리의 감정과 성격을 어떻게 드러내는지를 상기시켜줍니다.

말투는 감정을 표현합니다. 우리가 사용하는 말투는 우리의 감정을 상대방에게 전달하는 중요한 수단입니다. 부드럽고 따뜻한 말투는 친절함과 배려를 전달하며, 차갑고 무뚝뚝한 말투는 무관심이나 적대감을 전달할 수 있습니다. 따라서 우리는 항상 우리의 말투가 상대방에게 어떤 감정을 전달하는지 신중하게 고려해야 합니다.

말투는 성격을 반영합니다. 우리의 말투는 우리가 어떤 사람인지를 보여주는 중요한 단서입니다. 정중하고 예의 바른 말투는 우리가 상대방을 존중하고 배려하는 사람임을 나타내며, 무례하고 공격적인 말투는 우리가 상대방을 존중하지 않거나 적대적인 성향을 가질 수 있음을 나타냅니다. 따라서 우리는 항상 우리의 말투가 우리의 성격을 어떻게 반영하는지 주의해야 합니다.

말투는 신뢰를 형성합니다. 진심 어린 말투는 상대방에게 우리의 진정성을 전달하며, 이는 신뢰를 쌓는 데 큰 도움이 됩니다. 솔직하고 일관된 말투는 신뢰를 형성하는 데 중요한 역할을 하며, 변덕스럽고 불성실한 말투는 불신을 불러일으킬 수 있습니다. 따라서 우리는 항상 진심 어린 말투를 사용하여 신뢰를 형성해야 합니다.

말투는 관계의 질을 결정합니다. 우리가 사용하는 말투는 상대방과의 관계의 질을 크게 좌우합니다. 존중과 배려가 담긴 말투는 긍정적인 인상을 주며, 이는 관계를 더욱 견고하게 만듭니다. 반면, 무례하고 공격적인 말투는 부정적인 인상을 주며, 관계를 악화시킬 수 있습니다.

신뢰는 말에서 시작된다.
말은 신뢰를 쌓는 첫 번째 단계다

스티븐 코비의 명언, "신뢰는 말에서 시작된다. 말은 신뢰를 쌓는 첫 번째 단계다"는 언어의 중요성과 그 힘을 강조합니다. 이 명언은 우리가 사용하는 말이 다른 사람들과의 신뢰 형성에 얼마나 큰 영향을 미치는지를 잘 보여줍니다.

말은 신뢰를 형성하는 데 중요한 역할을 합니다. 진실되고 일관된 언어는 상대방에게 신뢰를 줍니다. 약속을 지키고 솔직하게 말하는 것은 상대방에게 신뢰를 형성하는 데 큰 도움이 됩니다. 신뢰는 모든 인간관계의 기초이며, 이는 언어를 통해 형성됩니다.

말은 사람들의 마음을 여는 열쇠입니다. 따뜻하고 친절한 말은 상대방의 마음을 열게 하고, 그들과의 관계를 더욱 깊고 의미 있게 만듭니다. 상대방에게 관심과 존중을 표현하는 말은 그들의 마음을 여는 데 큰 도움이 됩니다.

말은 갈등을 해결하는 데 중요한 도구입니다. 갈등 상황에서 진심 어린 사과나 이해를 구하는 말은 문제를 해결하고, 관계를 회복하는 데 큰 도움이 됩니다. 이러한 말은 상대방의 마음을 열게 하고, 서로 간의 신뢰를 회복하는 데 도움이 됩니다.

말은 우리의 감정과 생각을 표현하는 중요한 도구입니다. 우리는 말을 통해 우리의 감정과 생각을 다른 사람들에게 전달하며, 이는 인간관계를 형성하는 데 중요한 역할을 합니다. 이러한 말은 서로 간의 이해를 높이고, 건강한 인간관계를 형성하는 데 중요한 요소입니다.

말은 우리의 자아와 자존감에도 큰 영향을 미칩니다. 긍정적인 말을 사용하는 사람은 자신에 대해 긍정적인 생각을 가지며, 이는 높은 자존감으로 이어집니다. 반면, 부정적인 말을 사용하는 사람은 자신에 대해 부정적인 생각을 가지며, 이는 낮은 자존감으로 이어질 수 있습니다.

말은 단순한 소리가 아니다. 그것은 사람들 간의 신뢰를 쌓고, 마음을 여는 열쇠다

존 우드의 명언, "말은 단순한 소리가 아니다. 그것은 사람들 간의 신뢰를 쌓고, 마음을 여는 열쇠다"는 우리가 사용하는 말이 다른 사람들과의 신뢰 형성과 마음을 여는 데 얼마나 큰 영향을 미치는지를 잘 보여줍니다. 말은 단순한 소리가 아니라 사람들 간의 신뢰를 쌓고 마음을 여는 열쇠입니다. 우리의 말은 다른 사람들과의 신뢰 형성과 마음을 여는 데 큰 영향을 미칩니다.

말은 신뢰를 쌓는 도구입니다. 진심 어린 말은 상대방의 마음을 열게 하고, 관계를 더욱 깊고 의미 있게 만듭니다. 신뢰는 인간관계의 기초이며, 이를 형성하기 위해서는 진실되고 일관된 언어 사용이 필요합니다. 갈등 상황에서 진심 어린 사과나 이해를 구하는 말은 문제를 해결하고 관계를 회복하는 데 큰 도움이 됩니다. 상대방의 입장을 이해하고 공감하는 태도가 필요하며, 이를 위해서는 열린 마음과 진심 어린 대화가 필수적입니다.

긍정적인 말을 사용하는 사람은 자신에 대해 긍정적인 생각을 가지며, 이는 높은 자존감으로 이어집니다. 반면, 부정적인 말을 사용하는 사람은 자신에 대해 부정적인 생각을 가지며, 이는 낮은 자존감으로 이어질 수 있습니다.

우리의 언어는 우리의 자아와 자존감에 큰 영향을 미칩니다. 긍정적인 언어 사용은 우리의 정신 건강에도 긍정적인 영향을 미치며, 더 나아가 주변 사람들에게도 긍정적인 에너지를 전달합니다. 이는 사회적 관계를 더욱 건강하고 행복하게 만드는 데 기여합니다.

말은 우리의 생각과 감정을 표현하는 중요한 수단입니다. 우리는 말을 통해 자신의 생각을 정리하고, 다른 사람들과 소통하며, 서로의 감정을 이해할 수 있습니다. 따라서, 우리는 항상 신중하고 진실된 언어를 사용하여 다른 사람들과의 관계를 더욱 풍요롭게 만들어야 합니다. 더 나아가, 우리의 말은 사회적 변화와 발전에도 영향을 미칠 수 있습니다.

우리는 말로 서로를 이해하고
말로 서로를 치유한다

존 파월의 명언, "우리는 말로 서로를 이해하고 말로 서로를 치유한다"는 언어의 힘과 그 존 파월의 명언, "우리는 말로 서로를 이해하고 말로 서로를 치유한다"는 언어의 힘과 그 중요성을 강조합니다. 말은 단순한 소리가 아니라 사람들 간의 신뢰를 쌓고 마음을 여는 열쇠입니다.

말은 서로를 이해하는 데 중요한 역할을 합니다. 우리는 말을 통해 우리의 생각과 감정을 전달하며, 이는 상호 이해를 높이는 데 중요한 역할을 합니다. 진심 어린 말은 상대방의 마음을 열게 하고, 관계를 더욱 깊고 의미 있게 만듭니다. 또한, 말은 우리의 생각과 감정을 명확하게 표현할 수 있는 도구로서, 오해를 줄이고 더 나은 소통을 가능하게 합니다.

갈등 상황에서 진심 어린 사과나 이해를 구하는 말은 문제를 해결하고 관계를 회복하는 데 큰 도움이 됩니다. 상대방의 입장을 이해하고 공감하는 태도가 필요하며, 이를 위해서는 열린 마음과 진심 어린 대화가 필수적입니다. 이러한 대화는 갈등을 완화하고, 서로의 입장을 이해하는 데 중요한 역할을 합니다.

말은 사람을 치유하는 데 중요한 역할을 합니다. 따뜻하고 위로가 되는 말은 상대방에게 큰 힘이 되며, 그들의 마음을 치유하는 데 도움이 됩니다. 긍정적인 말을 사용하는 사람은 자신에 대해 긍정적인 생각을 가지며, 이는 높은 자존감으로 이어집니다. 반면, 부정적인 말은 상대방에게 상처를 줄 수 있으며, 이는 관계를 악화시킬 수 있습니다.

우리는 말의 힘을 인식하고, 이를 통해 더 나은 세상을 만들어 나가야 합니다. 진심 어린 말과 긍정적인 언어 사용은 우리의 삶을 더욱 풍요롭게 만들고, 사회적 관계를 더욱 건강하고 행복하게 만드는 데 큰 역할을 합니다. 우리는 말의 힘을 통해 서로를 이해하고 치유하며, 더 나은 사회를 만들어 나갈 수 있습니다.

사람은 말로 상처를 주기도 하고
치유하기도 한다

레프 톨스토이의 명언, "사람은 말로 상처를 주기도 하고 치유하기도 한다"는 언어의 강력한 힘과 그 영향력을 강조합니다. 비판적이거나 상처를 주는 말은 상대방의 자존감을 낮추고, 심리적인 고통을 유발할 수 있습니다. 반면, 따뜻하고 위로가 되는 말은 상대방에게 큰 힘이 되며, 그들의 마음을 치유하는 데 도움이 됩니다.

비판적이거나 상처를 주는 말은 상대방의 자존감을 낮추고, 심리적인 고통을 유발할 수 있습니다. 이러한 말은 상대방의 자신감을 떨어뜨리고, 그들과의 관계를 악화시킬 수 있습니다. 따라서 우리는 항상 신중하게 말해야 하며, 상대방의 감정을 고려해야 합니다.

따뜻하고 위로가 되는 말은 상대방에게 큰 힘이 되며, 그들의 마음을 치유하는 데 도움이 됩니다. 이러한 말은 상대방의 자존감을 높이고, 그들과의 관계를 더욱 깊고 의미 있게 만듭니다. 또한, 긍정적인 말은 상대방에게 희망과 용기를 주어 어려운 상황에서도 힘을 낼 수 있게 합니다.

갈등 상황에서 진심 어린 사과나 이해를 구하는 말은 문제를 해결하고, 관계를 회복하는 데 큰 도움이 됩니다. 이러한 말은 상대방의 마음을 열게 하고, 서로 간의 신뢰를 회복하는 데 도움이 됩니다. 또한, 갈등을 해결하는 과정에서 서로의 입장을 이해하고 존중하는 태도가 중요합니다.

우리는 말을 통해 우리의 감정과 생각을 다른 사람들에게 전달하며, 이는 인간관계를 형성하는 데 중요한 역할을 합니다. 이러한 말은 서로 간의 이해를 높이고, 건강한 인간관계를 형성하는 데 중요한 요소입니다.

긍정적인 말을 사용하는 사람은 자신에 대해 긍정적인 생각을 가지며, 이는 높은 자존감으로 이어집니다. 반면, 부정적인 말을 사용하는 사람은 자신에 대해 부정적인 생각을 가지며, 이는 낮은 자존감으로 이어질 수 있습니다.

말은 사람의 마음을 열 수도 있고 닫을 수도 있다

윌리엄 셰익스피어의 명언, "말은 사람의 마음을 열 수도 있고 닫을 수도 있다"는 언어의 힘과 그 영향력을 강조합니다. 우리가 사용하는 말은 다른 사람들의 감정과 마음에 큰 영향을 미칩니다. 언어는 단순한 의사소통 수단을 넘어, 사람들 간의 관계를 형성하고 유지하는 데 중요한 역할을 합니다.

우리가 사용하는 말은 다른 사람들의 감정과 마음에 큰 영향을 미칩니다. 언어는 단순한 의사소통 수단을 넘어, 사람들 간의 관계를 형성하고 유지하는 데 중요한 역할을 합니다. 친절하고 따뜻한 말은 상대방에게 긍정적인 감정을 불러일으키며, 마음을 열게 합니다.

칭찬이나 격려의 말은 상대방에게 자신감을 심어주고, 더 나은 성과를 내도록 동기부여할 수 있습니다. 이러한 긍정적인 말은 개인의 성장뿐만 아니라, 팀이나 조직의 성과에도 긍정적인 영향을 미칩니다.

비판적이거나 상처를 주는 말은 상대방의 마음을 아프게 하고, 관계를 악화시킬 수 있습니다. 이러한 말은 갈등을 유발하고, 인간관계를 멀어지게 할 수 있습니다. 따라서 우리는 항상 신중하게 말해야 하며, 상대방의 감정을 고려해야 합니다.

말은 우리의 감정과 생각을 표현하는 중요한 도구입니다. 우리는 말을 통해 우리의 감정과 생각을 다른 사람들에게 전달하며, 이는 인간관계를 형성하는 데 중요한 역할을 합니다. 비언어적 의사소통인 표정, 몸짓, 톤 등도 말과 함께 중요한 역할을 합니다. 이러한 비언어적 요소들은 말의 의미를 더욱 풍부하게 하고, 의사소통을 원활하게 합니다.

우리는 항상 신중하게 말하며, 긍정적이고 건설적인 언어를 사용하여 건강하고 의미 있는 인간관계를 형성할 수 있도록 노력해야 합니다.

말은 사람들 사이의 거리감을 없애준다.
올바르게 사용된 말은
벽을 허물고 다리를 놓는다

헨리 워즈워스 롱펠로우의 명언, "말은 사람들 사이의 거리감을 없애준다. 올바르게 사용된 말은 벽을 허물고 다리를 놓는다"는 언어의 힘과 중요성을 강조합니다. 말은 단순한 의사소통 수단을 넘어, 사람들 간의 관계를 형성하고 강화하는 데 중요한 역할을 합니다.

진심 어린 대화는 서로의 이해를 깊게 하고, 거리감을 줄이는 데 큰 도움이 됩니다. 반면, 무관심하거나 차가운 말은 거리감을 더 크게 만들 수 있습니다. 따라서 우리는 항상 상대방과의 거리감을 줄이기 위해 진심 어린 말을 사용해야 합니다.

올바르게 사용된 말은 벽을 허물고 다리를 놓습니다. 갈등이나 오해가 있을 때, 올바른 말은 문제를 해결하고, 서로 간의 이해를 돕는 중요한 역할을 합니다. "미안해요, 제가 잘못했어요"와 같은 말은 갈등을 해결하는 데 큰 도움이 됩니다. 또한, 이러한 말은 벽을 허물고, 서로를 연결하는 다리를 놓는 역할을 합니다.

말은 신뢰를 형성합니다. 진심 어린 말은 상대방에게 우리의 진정성을 전달하며, 이는 신뢰를 쌓는 데 큰 도움이 됩니다. 반면, 변덕스럽고 불성실한 말은 상대방에게 불신을 불러일으킬 수 있습니다. 따라서 우리는 항상 진심 어린 말을 사용하여 신뢰를 형성해야 합니다.

말은 관계의 질을 결정합니다. 우리가 사용하는 말은 상대방과의 관계의 질을 크게 좌우합니다. 존중과 배려가 담긴 말은 상대방에게 긍정적인 인상을 주며, 이는 관계를 더욱 견고하게 만듭니다. 반면, 무례하고 공격적인 말은 관계를 악화시킬 수 있습니다. 따라서 우리는 항상 상대방을 존중하고 배려하는 말을 사용하여 건강하고 긍정적인 관계를 유지해야 합니다.

말은 우리의 자아와 자존감에도 긍정적인 영향을 미칩니다. 긍정적이고 자신감 있는 말을 사용할 때, 우리는 자신에 대해 긍정적인 생각을 가지게 되며, 이는 높은 자존감으로 이어집니다. 반면, 부정적이고 비판적인 말은 자신에 대해 부정적인 생각을 가지게 하며, 이는 낮은 자존감으로 이어질 수 있습니다.

진심으로 듣고 진심으로 말하는 것은 인간관계의 기초를 세우는 것이다

에리히 프롬의 명언, "진심으로 듣고 진심으로 말하는 것은 인간관계의 기초를 세우는 것이다"는 진정성 있는 소통이 인간 관계 형성에 얼마나 중요한지를 강조합니다. 진심으로 듣고 말하는 것은 신뢰와 이해를 구축하는 데 중요한 역할을 합니다.

진심으로 듣는 것은 상대방의 감정과 생각을 존중하는 태도를 보여주며, 이는 상대방이 자신이 중요하게 여겨지고 있다는 느낌을 받게 합니다. 또한, 진심으로 말하는 것은 자신의 감정과 생각을 솔직하게 표현하는 것을 의미하며, 이는 갈등 상황에서도 오해를 줄이고 문제를 해결하는 데 도움이 됩니다. 예를 들어, 친구가 자신의 고민을 이야기할 때 진심으로 들어주는 것은 그 친구와의 관계를 더욱 깊고 의미 있게 만듭니다.

진정성 있는 소통은 단순한 정보 교환을 넘어 감정과 생각을 공유하는 깊이 있는 상호작용을 가능하게 하여 인간관계를 더욱 풍부하고 의미 있게 만듭니다. 진심으로 듣고 말하는 태도는 오해를 줄이고 갈등 상황에서도 건설적인 대화를 가능하게 합니다. 예를 들어, 직장에서의 갈등 상황에서 진심으로 듣고 말하는 것은 문제를 해결하고, 팀워크를 강화하는 데 중요한 역할을 합니다.

자기 성찰과 성장을 통해 개인적인 성장을 이루는 데 기여합니다. 다른 사람의 말을 진심으로 듣고, 자신의 감정을 솔직하게 표현하는 과정에서 우리는 자신의 생각과 감정을 더 잘 이해하게 됩니다. 이는 자기 성찰을 통해 더 나은 결정을 내리는 데 도움이 됩니다. 예를 들어, 친구와의 깊이 있는 대화를 통해 자신의 감정을 더 잘 이해하고, 이를 바탕으로 더 나은 결정을 내릴 수 있습니다.

우리는 항상 진심으로 듣고 말하며, 건강하고 의미 있는 인간관계를 형성할 수 있도록 노력해야 합니다. 진정성 있는 소통은 신뢰와 이해를 구축하고, 갈등을 예방하며, 개인적인 성장을 이루는 데 중요한 요소입니다. 이를 통해 우리는 더 나은 인간관계를 형성하고, 더 나은 삶을 살아갈 수 있습니다.

당신의 말은 당신의 마음을
드러내는 것이다. 사람들은 그 거울을 보고
당신과의 관계를 결정한다

제임스 볼드윈의 명언은 우리의 언어가 우리의 내면을 반영하고, 다른 사람들이 우리를 어떻게 인식하는지에 큰 영향을 미친다는 점을 강조합니다. 우리의 말은 우리의 생각과 감정을 드러내며, 이는 다른 사람들이 우리를 이해하는 데 중요한 역할을 합니다. 긍정적이고 희망적인 언어를 사용하는 사람은 긍정적인 마음가짐을 가지고 있다는 인상을 줍니다.

사람들은 우리가 사용하는 언어를 통해 우리의 성격과 태도를 판단합니다. 친절하고 존중하는 언어를 사용하는 사람은 다른 사람들에게 신뢰와 호감을 얻을 수 있습니다. 반면, 공격적이고 무례한 언어를 사용하는 사람은 부정적인 인상을 줄 수 있습니다.

긍정적이고 건설적인 언어를 사용하는 사람은 건강한 인간 관계를 형성할 수 있습니다. 다른 사람의 의견을 존중하고 경청하는 언어를 사용하는 사람은 다른 사람들과의 관계에서 신뢰와 존경을 받을 수 있습니다. 비판적이고 경멸적인 언어를 사용하는 사람은 갈등을 유발하고, 인간관계를 악화시킬 수 있습니다.

긍정적인 언어를 사용하는 사람은 자신에 대해 긍정적인 생각을 가지며, 이는 높은 자존감으로 이어집니다. "나는 할 수 있다"와 같은 긍정적인 자기 대화는 자신감을 높이고, 자신의 능력을 믿게 합니다. 반면, 부정적인 언어를 사용하는 사람은 자신에 대해 부정적인 생각을 가지며, 이는 낮은 자존감으로 이어질 수 있습니다.

긍정적인 언어를 사용하는 사람은 자신감 있게 행동하며, 도전에 직면했을 때도 긍정적인 태도를 유지합니다. "나는 이 문제를 해결할 수 있다"와 같은 긍정적인 언어는 문제 해결에 대한 동기부여가 됩니다. 우리는 항상 긍정적이고 건설적인 언어를 사용하며, 우리의 내면과 인간관계를 긍정적으로 형성할 수 있도록 노력해야 합니다.

당신이 자신을 어떻게 말하느냐가
당신의 가치를 정의한다

　루이자 메이 올컷의 명언, "당신이 자신을 어떻게 말하느냐가 당신의 가치를 정의한다"는 자기 표현과 자아 가치의 관계를 강조합니다. 이 명언은 우리가 자신에 대해 말하는 방식이 우리의 자아 가치와 전반적인 삶에 어떤 영향을 미치는지를 잘 보여줍니다.

　긍정적인 자기 표현은 높은 자아 가치를 형성하는 데 중요한 역할을 합니다. 자신에 대해 긍정적으로 말하는 사람은 자신에 대해 긍정적인 생각을 가지며, 이는 높은 자아 가치로 이어집니다. "나는 능력 있는 사람이다" 또는 "나는 중요한 존재다"와 같은 긍정적인 자기 표현은 자신감을 높이고, 자신의 가치를 인정하게 합니다. 이러한 긍정적인 자기 표현은 도전적인 상황에서도 자신을 지지하고 격려하는 역할을 합니다.

부정적인 자기 표현은 낮은 자아 가치를 형성할 수 있습니다. 자신에 대해 부정적으로 말하는 사람은 자신에 대해 부정적인 생각을 가지며, 이는 낮은 자아 가치로 이어집니다. "나는 쓸모없는 사람이다" 또는 "나는 아무 가치가 없다"와 같은 부정적인 자기 표현은 자신을 비하하고, 자신의 가치를 의심하게 만듭니다. 이러한 부정적인 자기 표현은 실패를 두려워하게 만들고, 새로운 도전을 회피하게 할 수 있습니다.

자기 표현은 우리의 행동과 결정에 영향을 미칩니다. 긍정적인 자기 표현을 하는 사람은 자신감 있게 행동하며, 도전에 직면했을 때도 긍정적인 태도를 유지합니다. 반면, 부정적인 자기 표현을 하는 사람은 자신감이 부족하여 도전을 회피하거나, 실패를 두려워하게 됩니다. 긍정적인 자기 표현을 하는 사람은 새로운 기회를 적극적으로 찾고, 실패를 두려워하지 않으며, 이를 통해 성장할 수 있습니다.

우리는 항상 자신에 대해 긍정적으로 말하며, 우리의 자아 가치를 높이고, 긍정적인 삶을 살아갈 수 있도록 노력해야 합니다.

자신감 있는 말투는
내면의 자존감을 반영한다

　나폴레온 힐의 명언, "자신감 있는 말투는 내면의 자존감을 반영한다"는 우리의 말투와 자존감 사이의 깊은 연관성을 강조합니다. 자신감 있는 말투는 높은 자존감을 나타내며, 이는 긍정적인 생각과 자신에 대한 믿음을 표현합니다. 이러한 말투는 자신뿐만 아니라 주변 사람들에게도 긍정적인 영향을 미칩니다.

　자신감 있는 말투는 도전적인 상황에서도 긍정적인 태도를 유지하게 합니다. 어려운 상황에서도 긍정적인 언어를 사용하면 문제 해결에 도움이 되며, 스트레스와 불안을 줄이고 더 나은 결과를 도출하는 데 기여합니다. 예를 들어, "이 문제를 해결할 수 있는 방법을 찾을 것이다"라는 말투는 도전적인 상황에서도 희망과 긍정적인 태도를 유지하게 합니다.

목표 달성에도 자신감 있는 말투는 중요한 역할을 합니다. 자신감 있는 사람은 목표를 설정하고 이를 달성하기 위해 필요한 행동을 주저하지 않으며, 이는 지속적인 노력과 성취감을 통해 자존감을 더욱 강화합니다. 예를 들어, "나는 이 목표를 달성할 수 있다"라는 말투는 목표를 향해 나아가는 동기부여가 됩니다.

인간관계에서도 자신감 있는 말투는 긍정적인 영향을 미칩니다. 자신을 존중하는 태도는 다른 사람들과의 관계에서도 긍정적인 상호작용을 촉진하며, 건강한 인간관계를 형성하는 데 중요한 요소입니다. 예를 들어, "나는 좋은 친구가 될 수 있다"라는 말투는 다른 사람들과의 관계에서 자신감을 가지게 하고, 긍정적인 상호작용을 촉진합니다.

전반적인 삶의 질을 향상시키는 데도 자신감 있는 말투는 중요한 역할을 합니다. 삶에 대한 긍정적인 태도는 전반적인 행복과 만족도를 높이는 데 도움이 되며, 작은 순간에서도 행복을 느끼게 하고 긍정적인 삶의 태도를 유지하게 합니다.

긍정적인 말투를 사용하면,
당신의 자존감이 더 단단해진다

조이스 마이어의 명언, "긍정적인 말투를 사용하면, 당신의 자존감이 더 단단해진다"는 긍정적인 언어 사용이 자존감에 미치는 영향을 강조합니다. 긍정적인 말투는 높은 자존감을 형성하는 데 중요한 역할을 합니다. 예를 들어, "나는 할 수 있다" 또는 "나는 가치 있는 사람이다"와 같은 긍정적인 말은 자신감을 높이고, 자신의 능력을 믿게 합니다.

긍정적인 말투는 스트레스와 불안을 줄이는 데 도움이 됩니다. 스트레스 상황에서도 긍정적인 태도를 유지하게 하여 불안과 두려움을 줄이고, 문제 해결에 집중할 수 있게 합니다. 예를 들어, 중요한 시험을 앞두고 "나는 이 시험을 잘 볼 수 있어"라고 말하는 것은 시험에 대한 불안을 줄이고, 집중력을 높이는 데 도움이 됩니다.

긍정적인 말투는 목표 달성에 중요한 요소입니다. 긍정적인 언어를 사용하는 것은 목표를 향해 나아가는 동기부여가 됩니다. 예를 들어, 새로운 기술을 배우고자 할 때 "나는 이 기술을 배울 수 있어"라고 말하는 것은 학습 동기를 높이고, 지속적인 노력을 가능하게 합니다.

긍정적인 말투는 인간관계에도 긍정적인 영향을 미칩니다. 자신을 존중하는 사람은 다른 사람들과의 관계에서도 긍정적인 태도를 유지하며, 이는 건강한 인간관계를 형성하는 데 중요한 요소입니다. 예를 들어, 자신에게 "나는 좋은 친구가 될 수 있어"라고 말하는 것은 다른 사람들과의 관계에서 자신감을 가지게 하고, 긍정적인 상호작용을 촉진합니다.

긍정적인 말투는 전반적인 삶의 질을 향상시키는 데 중요한 역할을 합니다. 긍정적인 언어를 사용하는 것은 삶에 대한 긍정적인 태도를 유지하게 하여 전반적인 행복과 만족도를 높이는 데 도움이 됩니다. 예를 들어, "나는 행복할 자격이 있어"라고 말하는 것은 삶의 작은 순간에서도 행복을 느끼게 하고, 긍정적인 삶의 태도를 유지하게 합니다.

자신에 대해 말하는 방식이
당신의 자존감을 결정한다

윌리엄 제임스의 명언, "자신에 대해 말하는 방식이 당신의 자존감을 결정한다"는 자기 대화와 자존감의 밀접한 관계를 강조합니다. 긍정적인 자기 대화는 높은 자존감을 형성하는 데 중요한 역할을 합니다. 자신에게 긍정적인 말을 하는 사람은 자신에 대해 긍정적인 생각을 가지며, 이는 높은 자존감으로 이어집니다. "나는 할 수 있다" 또는 "나는 가치 있는 사람이다"와 같은 긍정적인 자기 대화는 자신감을 높이고, 자신의 능력을 믿게 합니다.

반면, 부정적인 자기 대화는 낮은 자존감을 형성할 수 있습니다. 자신에게 부정적인 말을 하는 사람은 자신에 대해 부정적인 생각을 가지며, 이는 낮은 자존감으로 이어집니다. "나는 못해" 또는 "나는 쓸모없는 사람이다"와 같은 부정적인 자기 대화는 자신을 비하하고, 자신의 능력을 의심하게 만듭니다.

자기 대화는 우리의 행동과 결정에 영향을 미칩니다. 긍정적인 자기 대화를 하는 사람은 자신감 있게 행동하며, 도전에 직면했을 때도 긍정적인 태도를 유지합니다. 반면, 부정적인 자기 대화를 하는 사람은 자신감이 부족하여 도전을 회피하거나, 실패를 두려워하게 됩니다.

자기 대화는 우리의 감정에도 영향을 미칩니다. 긍정적인 자기 대화는 긍정적인 감정을 유발하며, 부정적인 자기 대화는 부정적인 감정을 유발합니다. 긍정적인 자기 대화를 하는 사람은 행복하고 만족스러운 감정을 느끼며, 부정적인 자기 대화를 하는 사람은 불안하고 우울한 감정을 느낄 수 있습니다.

자기 대화는 다른 사람들과의 관계에도 영향을 미칩니다. 자신에게 긍정적인 말을 하는 사람은 자신을 존중하며, 이는 다른 사람들을 존중하는 태도로 이어집니다. 반면, 자신에게 부정적인 말을 하는 사람은 자신을 존중하지 않으며, 이는 다른 사람들과의 관계에서도 부정적인 영향을 미칠 수 있습니다.

당신이 할 수 있다고 말하면
그 말이 자존감으로 이어질 것이다

　헨리 포드의 명언, "당신이 할 수 있다고 말하면 그 말이 자존감으로 이어질 것이다"는 긍정적인 자기 대화가 자존감을 높이는 데 얼마나 중요한지를 강조합니다. 우리가 자신에게 하는 말이 자존감과 전반적인 삶에 어떤 영향을 미치는지를 잘 보여줍니다. 긍정적인 자기 대화는 우리의 생각과 감정을 긍정적으로 변화시키며, 이는 삶의 질을 향상시키는 데 중요한 역할을 합니다.

　긍정적인 자기 대화는 자신감과 자존감을 높이는 데 중요한 역할을 합니다. 자신에게 "나는 할 수 있다"고 말하는 것은 자신의 능력을 믿고, 도전에 직면했을 때 자신감을 가지게 합니다. 이는 자신을 더 나은 방향으로 발전시키는 데 큰 도움이 됩니다. 긍정적인 자기 대화는 또한 실패를 두려워하지 않고, 새로운 도전을 시도하는 용기를 줍니다.

긍정적인 자기 대화는 목표 달성에 중요한 요소입니다. 자신에게 "나는 할 수 있다"고 말하는 것은 목표를 향해 나아가는 동기부여가 됩니다. 이는 목표를 설정하고, 그 목표를 달성하기 위해 필요한 행동을 취하는 데 중요한 역할을 합니다. 긍정적인 자기 대화는 또한 목표를 달성하는 과정에서 발생하는 어려움을 극복하는 데 도움을 줍니다.

긍정적인 자기 대화는 스트레스와 불안을 줄이는 데 도움이 됩니다. 긍정적인 말을 하는 것은 스트레스 상황에서도 긍정적인 태도를 유지하게 합니다. 이는 불안과 두려움을 줄이고, 문제 해결에 집중할 수 있게 합니다. 긍정적인 자기 대화는 또한 스트레스 상황에서의 회복력을 높여줍니다. 이는 스트레스 상황에서도 평정심을 유지하고, 효과적으로 대처할 수 있게 합니다.

긍정적인 자기 대화는 인간관계에도 긍정적인 영향을 미칩니다. 자신에게 긍정적인 말을 하는 사람은 자신을 존중하며, 이는 다른 사람들과의 관계에서도 긍정적인 태도로 이어집니다. 긍정적인 자기 대화는 다른 사람들과의 상호작용에서 자신감을 가지게 하고, 긍정적인 상호작용을 촉진합니다.

당신이 자신에게 하는 말이 당신의 자존감을 형성한다

레오 부스카글리아의 명언, "당신이 자신에게 하는 말이 당신의 자존감을 형성한다"는 내면의 대화가 자기 가치관에 미치는 깊은 영향을 강조합니다. 매일 우리는 수많은 선택과 경험을 마주하지만, 그 과정에서 스스로에게 던지는 말의 힘을 간과하기 쉽습니다. 부스카글리아는 이 명언을 통해 자신을 대하는 방식이 자아 인식을 구축하는 토대가 됨을 전합니다.

부정적인 자기 대화는 자존감을 서서히 무너뜨리는 역할을 합니다. "나는 못해", "이건 실패할 거야"와 같은 말을 반복하면 뇌는 이를 사실로 받아들이고, 결국 자신에 대한 신뢰와 가능성을 제한하게 됩니다. 특히 실패나 좌절을 경험할 때 이런 패턴이 강화되면, 무기력감과 열등감이 뿌리내리기 쉽습니다.

따라서 자신에게 가하는 언어의 부정성을 인지하는 것이 자존감 회복의 첫걸음입니다.

반면 긍정적인 자기 대화는 자존감을 튼튼하게 다지는 역할을 합니다. "나는 충분히 해낼 수 있다", "잘될 거야"와 같은 확신 어린 말은 뇌에 새로운 신경 회로를 형성해 점차 스스로를 능동적이고 가치 있는 존재로 인식하도록 유도합니다. 이 과정에서 중요한 것은 꾸준함입니다. 지속적인 반복은 무의식적 신념을 재편합니다.

위기나 어려움 속에서도 건설적인 자기 대화는 회복탄력성을 지키는 버팀목이 됩니다. 예를 들어, 시험에서 떨어진 학생이 "나는 영원한 실패자야"라고 말한다면 좌절감은 깊어질 것입니다. 그러나 "이번 경험으로 배운 걸 다음에 활용하자"라고 스스로를 다독인다면, 실패는 성장의 발판이 됩니다. 역경 속에서도 자신을 응원하는 태도는 외부의 평가가 아닌 내적 가치를 확립하게 하며, 이는 결국 외적 상황에 흔들리지 않는 자아를 만듭니다.

자존감은 타인이 써주는 평판이 아니라 스스로가 써내려가는 내러티브입니다. 매일 마주하는 거울 앞에서, 혹은 고민의 순간마다 스스로에게 건네는 말 한마디가 쌓여 평생의 자아상을 만듭니다.

자신을 사랑하지 않으면,
말투에 그것이 드러난다

　브렌 브라운의 명언 "자신을 사랑하지 않으면, 말투에 그것이 드러난다"는 자기애와 언어의 깊은 연관성을 강조합니다. 이 말은 우리가 스스로에게 품는 태도가 의사소통 방식에 고스란히 드러난다는 통찰을 전합니다. 자신에 대한 애정은 타인과의 관계 형성과 사회적 상호작용의 질을 좌우하는 핵심 요소로 작용하며, 이는 개인의 말투가 내적 자아의 거울임을 보여줍니다.

　자신을 사랑하는 사람은 긍정적인 언어를 자연스럽게 구사합니다. "나는 이 일을 해낼 수 있다"와 같은 자기 확신에 기반한 표현은 대화에 활력을 불어넣고, 주변에 낙관적인 에너지를 전파합니다. 반면, 자기애가 부족한 사람은 "내가 왜 이렇게 못할까"라며 자신을 폄하하는 말을 반복하는데, 이는 부정적인 정서를 강화시키고 대화의 흐름을 위축시킵니다.

　이러한 말투의 차이는 인간관계에 뚜렷한 영향을 미칩니다. 자기존중감이 높은 사람은 타인의 감정을 포용하는 경청의 자세를 보이며, "당신의 의견이 의미 있다고 생각해"와 같이 상대를 격려하는 표현을 사용합니다. 이는 신뢰를 쌓는 건강한 소통의 토대가 됩니다. 반면, 자기애가 결여된 경우 사소한 비판에도 공격적으로 반응하거나 대화를 피하는 소극적인 태도를 보여 관계의 균열을 초래하기 쉽습니다.

　자기사랑은 성찰과 성장의 동력으로도 작용합니다. 자신을 있는 그대로 받아들이는 사람은 "이 부분은 내가 좀 더 노력해야겠어"라며 객관적인 자기평가를 통해 약점을 인정하고 개선하려는 의지를 드러냅니다. 이는 유연한 사고와 성숙한 태도로 이어져 대인관계와 업무 등 다양한 영역에서 긍정적인 변화를 이끕니다. 반면, 자기부정에 사로잡힌 사람은 실패 경험을 과장해 해결의 실마리조차 찾지 못하는 경우가 많습니다.

　말투에 스민 자기애의 정도는 개인의 정신적 풍요로움을 가늠하는 척도이자 사회적 관계의 질을 결정하는 열쇠입니다. 따라서 진정한 소통의 기술은 타인을 이해하기 전에 자신을 온전히 사랑하는 데서부터 시작됨을 명심해야 합니다. 이는 단순한 화술 연마가 아닌, 내적 성찰을 통한 자아와의 화해 과정임을 상기시킵니다.

친절한 말 한마디는
겨울의 따뜻한 햇살과 같다

일본 명언, "친절한 말 한마디는 겨울의 따뜻한 햇살과 같다"는 추운 겨울 햇살이 얼어붙은 대지를 녹이듯, 진심 어린 말 한마디는 상처받은 마음을 따뜻하게 감쌉니다. "괜찮아요, 잘하고 계세요"와 같은 격려는 힘겨운 순간 버팀목이 되어주며, 상대의 내면에 희망의 불씨를 지펴줍니다. 이는 단순한 위안을 넘어 마음의 상처를 치유하고 용기를 불어넣는 힘을 지닙니다.

"도움이 되어 기쁩니다"와 같은 진솔한 표현은 관계의 토대를 단단히 합니다. 상대의 가치를 인정하는 말은 상호 존중을 바탕으로 신뢰를 쌓아가며, 무심코 던진 차가운 말 한마디가 관계에 균열을 낼 수 있음을 되새기게 합니다. 진정성은 말의 온도에서 비롯되며, 이는 인간관계의 깊이를 결정짓는 핵심 요소입니다.

"소중한 분이에요"라는 말은 사소한 일상 속에서도 유대감을 견고히 합니다. 친절한 언어는 상대방을 향한 애정을 전달하는 가장 직접적인 수단이며, 무례함이나 공격성은 깨지기 쉬운 유리관계를 만듭니다. 소통의 품격을 높이는 것은 단순한 예의가 아니라 관계의 지속 가능성을 위한 투자입니다.

"제가 잘못했어요"라고 먼저 내민 손은 얼어붙은 감정의 빙판을 녹입니다. 갈등 상황에서의 친절한 화법은 상대의 마음을 열게 하며, 방어적 태도는 오해를 증폭시킵니다. 진정한 화해는 공감으로 시작되고, 이는 갈등을 기회로 전환하는 성숙한 소통의 기술입니다.

"당신은 충분히 훌륭해요"라는 말은 타인뿐 아니라 자신에게도 적용됩니다. 친절한 언어 습관은 자기 존중감을 키우고, 이는 다시 타인을 배려하는 마음으로 확장됩니다. 부정적 화법이 내면의 어둠을 키운다면, 긍정적 표현은 삶 전체에 온기를 전파하는 선물입니다. 일본 속담은 말의 힘이 계절을 바꾸는 햇살과 같음을 교훈처럼 전합니다.

작은 말 한마디가 누군가의 인생을 밝히는 등불이 될 수 있음을 기억해야 합니다. 진정한 소통은 타인의 마음에 스며들며, 이는 결국 자신의 인격을 완성해가는 과정임을 명심할 때, 언어는 가장 아름다운 인간성의 표현이 될 것입니다.

말은 칼보다 강하다. 그것은 사람의 마음을 찌를 수도, 치유할 수도 있다

에드워드 불워 리튼의 명언, "말은 칼보다 강하다. 그것은 사람의 마음을 찌를 수도, 치유할 수도 있다"는 언어의 파괴와 치유의 이중성을 강조합니다. 무심코 내뱉은 모욕적 표현은 상대의 마음에 깊은 상처를 남기지만, 진심 어린 한 마디는 상처받은 영혼을 회복시킬 수 있습니다. 언어는 무기이자 치료제로 기능하는 역설적 힘을 지닙니다.

"함께라서 든든했어"라는 감사의 말은 관계의 기반을 다지는 역할을 합니다. 진솔한 표현은 신뢰를 구축하지만, 허위나 과장은 그 신뢰를 무너뜨립니다. 언어의 진정성은 인간관계에서 중요한 역할을 하며, 이는 일관된 소통으로 쌓아올릴 수 있습니다.

"당신의 생각이 중요해요"라는 존중 어린 말은 관계를 따뜻하게 만듭니다. 반면 무시나 조롱의 표현은 관계를 차갑게 만듭니다. 친밀감은 일상적 대화 속 작은 배려에서 자라나며, 이는 오랜 시간 축적된 언어 습관의 결과물입니다.

"내 말이 상처를 줬다면 미안해"라는 인정은 싸늘해진 관계를 회복시킬 수 있습니다. 갈등 상황에서 공격적 화법은 불길을 키우지만, 책임감 있는 사과와 경청의 자세는 갈등을 해결하는 데 도움이 됩니다. 부드러운 표현으로 화해의 문을 두드리는 것이 성숙한 소통의 기술입니다.

이 명언은 언어 사용에 대한 깊은 성찰을 촉구합니다. 한 마디가 누군가의 인생을 바꿀 수 있음을 인지할 때, 말은 단순한 도구를 넘어 인격의 반영이 됩니다. 상처 주지 않으려는 경계심보다 치유하려는 마음가짐으로 대화할 때, 우리의 언어는 세상을 바꾸는 힘이 될 것입니다.

언어는 단순한 의사소통 수단을 넘어, 우리의 생각과 감정을 전달하는 중요한 매개체입니다. 따라서 우리는 말의 무게를 항상 인식하고, 상대방에게 긍정적인 영향을 미칠 수 있도록 노력해야 합니다. 언어의 힘을 올바르게 사용하면, 우리는 더 나은 세상을 만들어 나갈 수 있습니다.

말은 씨앗과 같다. 그것은 자라서 우리의 삶을 형성한다

조지프 머피의 명언 "말은 씨앗과 같다. 그것은 자라서 우리의 삶을 형성한다"는 말이 단순한 의사소통 도구를 넘어 우리 삶의 근간을 만드는 힘을 지녔음을 강조합니다. 긍정적이든 부정적이든 말은 마음속에 심겨진 씨앗처럼 자라나 생각과 행동, 나아가 삶 전체에 깊은 영향을 미칩니다. 이는 우리가 사용하는 언어가 단순한 표현이 아닌 삶의 방향을 결정하는 핵심 요소임을 시사합니다.

말은 먼저 우리의 사고방식을 형성합니다. 긍정적인 언어는 낙관적인 마음가짐을 키우고, 부정적인 언어는 자신을 제약하는 틀로 작용합니다. 예를 들어 "나는 할 수 있다"는 말은 도전 정신을 이끌어 성공으로 나아가게 하지만, "나는 실패할 것 같다"는 말은 두려움을 키워 행동을 멈추게 합니다. 따라서 의식적으로 건설적인 말을 선택하는 것이 중요합니다.

말은 인간관계의 질을 좌우합니다. 존중과 배려가 담긴 표현은 신뢰를 쌓아 건강한 관계를 만드는 반면, 무심코 내뱉은 무례한 말은 상대의 마음을 상하게 하며 갈등을 초래합니다. 상대의 입장을 고려한 소통은 협력과 이해를 넓히는 데 기여합니다. 이처럼 말은 개인의 삶뿐 아니라 사회적 연결에도 결정적인 영향을 미칩니다.

말은 자신을 바라보는 시각과 미래의 모습을 구체화합니다. "나는 가치 있는 사람이다"라는 긍정의 언어는 자존감을 높여 자신감 있는 행동으로 이어지며, 희망적인 표현은 미래에 대한 긍정적 기대를 키웁니다. 반면 자기비하의 말은 잠재력을 가로막아 발전의 기회를 줄입니다. 즉, 말은 현재의 자아를 넘어 미래의 가능성까지 형성하는 도구입니다.

결국 말은 삶의 토대를 만들고 변화시키는 강력한 에너지입니다. 조지프 머피의 가르침처럼, 우리는 매일의 언어를 의식적으로 선택해 긍정의 씨앗을 심어야 합니다. 신중하고 격려적인 말은 개인의 성장은 물론 주변과의 조화로운 관계를 이끌어내며, 더 나은 내일을 설계하는 힘이 됩니다. 따라서 말의 소중함을 인지하고 적극적으로 활용하는 지혜가 필요합니다.

말은 우리의 마음을
표현하는 수단이다

마하트마 간디의 명언, "말은 우리의 마음을 표현하는 수단
이다"는 언어가 단순한 정보 전달을 넘어 내면의 감정과 생각
을 드러내는 마하트마 간디의 명언은 언어가 단순한 정보 전달
을 넘어 내면의 감정과 생각을 드러내는 거울임을 강조합니다.

우리가 사용하는 말은 감정을 직접적으로 전달하며, 그 표현
방식에 따라 상대방에게 다른 감정을 일으킵니다. 따라서 말
을 선택할 때는 그 안에 담긴 감정의 파장을 고려하는 것이 중
요합니다.

말은 개인의 성격과 가치관을 드러내는 창구 역할을 합니다.
정중한 표현은 상대에 대한 존중을, 무례한 언행은 경솔함이
나 적대감을 반영합니다. 이처럼 말투와 어조는 우리가 어떤

사람인지를 암시하며, 일관된 언어 습관은 신뢰를 구축하거나 붕괴시키는 요인이 됩니다.

말은 인간관계의 질을 좌우하는 결정적 요소입니다. 존중과 공감이 담긴 대화는 서로를 이해하는 다리가 되지만, 경쟁적이거나 공격적인 언어는 갈등을 증폭시킵니다. 특히 갈등 상황에서 진심 어린 사과는 마음의 문을 열고 문제 해결의 실마리가 됩니다.

말이 단순히 입에서 나오는 소리가 아니라 마음의 움직임을 반영한다는 점이 중요합니다. 겉으로는 유창한 말솜씨를 자랑해도 진정성이 없다면 공허하게 들릴 뿐입니다. 진실된 언어는 마음의 진동을 전달해 상대와 공감대를 형성합니다.

간디의 메시지는 말을 단순한 '기술'이 아닌 '마음의 예술'로 대할 것을 요구합니다. 우리의 언어 습관이 내면의 풍경을 드러내듯, 의식적으로 긍정적이고 성찰적인 말을 선택하는 것은 자신과 타인을 모두 존중하는 행위입니다. 이러한 언어 습관은 더 따뜻하고 진실된 인간관계를 형성하는 데 기여하며, 서로의 마음을 이해하고 존중하는 문화를 만들어갑니다.

말이 없으면 의미가 있고, 말이 있으면 의미가 없다

노자의 "말이 없으면 의미가 있고, 말이 있으면 의미가 없다"는 사유는 언어와 침묵의 이중성을 은유적으로 풀어냅니다. 강물에 비친 달이 손길에 닿으면 흩어지듯, 말로 형상화하는 순간 본질이 흐려지는 역설을 지적합니다. 인간은 경험과 감정을 전달하기 위해 언어라는 도구를 만들었지만, 그 도구 자체가 완전한 소통을 가로막는 철학적 딜레마에 직면합니다. 과도한 설명은 오히려 진의를 왜곡시키며, 침묵이 간직한 무형의 진실이 더 풍부한 의미를 담고 있음을 시사합니다.

언어는 복잡한 내면 세계를 전달하는 데 근본적인 한계를 지닙니다. '사랑'이나 '슬픔' 같은 단어들이 실제 체험의 깊이를 포착하지 못하는 것처럼, 사회적 관습에 맞춘 수사는 진정성을 가리는 가면이 되곤 합니다. 격식적인 "잘 지냈어?" 속에 숨은 무관심, "정말 대단해"라는 칭찬 뒤의 시기심은 언어가 진실을 포장하는 도구로 기능하는 순간들을 보여줍니다. 이처럼 말은 때로 빛나는 유리창처럼 표면만 반짝일 뿐, 그 뒤에 놓인 실체를 비추지 못합니다.

침묵은 이러한 언어의 한계를 넘어서는 열쇠입니다. 두 사람이 마주한 적막 속에서 오가는 눈빛, 숲속에서 들려오는 나뭇잎 속삭임, 명상자가 호흡에 집중하며 찾는 고요함은 모두 언어를 초월한 소통의 방식입니다. 예술작품 앞에서 느껴지는 말 없는 울림은 창작자의 의도보다 더 깊은 공명을 일으키기도 하죠. 이러한 순간들에서 침묵은 소음 사이로 들려오는 정적이 아니라, 내면의 목소리를 듣도록 돕는 공명판 역할을 합니다.

인간관계에서 침묵은 언어보다 강력한 공감의 도구로 작동합니다. 상대의 아픔을 들을 때 할 말을 잃는 순간, 기쁨을 나눌 때 터져 나오는 웃음 사이의 간격, 이 모든 무언의 대화는 설명을 압도하는 밀도를 가집니다. 어머니가 아이의 상처에 말 대신 건네는 묵묵한 포옹이 연고보다 더 큰 치유력을 발휘하듯, 침묵은 관계의 깊이를 가늠하는 잣대가 됩니다. 여기서 침묵은 공허함이 아니라 적극적인 경청의 표현이며, 마음과 마음이 직접 대화하는 통로입니다.

궁극적으로 노자의 지혜는 언어와 침묵의 조화를 통해 완성됩니다. 모든 것을 말로 정의하려는 욕망을 경계하면서도 필수적인 소통을 위해 언어를 사용하는 균형이 중요합니다. 진정한 의미는 말의 표면을 떠도는 파도가 아니라 침묵의 심연에 잠긴 진주처럼 찾아져야 합니다. 우리는 때로 언어라는 옷을 벗겨내고 침묵의 본질에 귀 기울이며, 삶의 리듬을 가로지르는 말과 침묵의 교향악을 들을 줄 아는 자세가 필요합니다. 이는 소통의 기술을 넘어 존재의 예술로 나아가는 길입니다.

3부

동양 속담

가는 말이 고와야
오는 말이 곱다

"가는 말이 고와야 오는 말이 곱다"라는 속담은 인간 관계에서 상호 존중과 배려의 중요성을 강조하는 지혜로운 격언입니다. 이 속담의 의미는 다른 사람에게 나쁜 말이나 행동을 하면 그 사람으로부터 좋은 대접을 받기 어렵다는 것입니다. 즉, 우리가 타인에게 어떻게 대하느냐에 따라 그들로부터 받는 대우도 달라진다는 것입니다. 이는 단순한 예의범절을 넘어서 긍정적인 상호작용이 가져오는 긍정적인 결과를 설명합니다.

우리가 말과 행동을 통해 상대방을 존중하고 배려할 때, 그들도 우리를 그렇게 대할 가능성이 높아집니다. 반대로, 상처 주는 말을 하거나 부정적인 행동을 하면 상대방도 부정적인 반응을 보일 수밖에 없습니다. 이러한 원칙은 가정, 직장, 사회 등 모든 곳에서 적용될 수 있으며, 건강하고 행복한 관계를 만드는 데 필수적입니다.

이 속담은 일상 생활에서 염두에 두어야 할 중요한 교훈을 담고 있습니다. 상호 존중과 배려는 좋은 인간 관계의 기반이 됩니다. 따라서 "가는 말이 고와야 오는 말이 곱다"는 우리가 일상에서 늘 기억해야 할 중요한 지혜를 담고 있으며, 이를 통해 더 나은 인간 관계를 구축할 수 있습니다. 이 속담은 우리의 행동과 말이 타인에게 미치는 영향을 다시금 일깨워주며, 긍정적인 상호작용을 장려합니다. 이렇게 함으로써 우리는 더 많은 사람들과 건강하고 긍정적인 관계를 맺을 수 있습니다.

말 한 마디로
천 냥 빚 갚는다

Our your
words insaving wowrs
and resolve
conflictsbuld better
relationships."

"말 한 마디로 천 냥 빚 갚는다"는 속담은 언어의 힘을 강조하는 가르침을 담고 있습니다. 이 속담은 상황을 현명하게 해결하거나 큰 문제를 간단히 해결할 수 있는 능력이 말에 있음을 나타냅니다. 말은 단순한 의사소통 수단을 넘어, 상황을 바꾸고 사람들의 감정을 움직일 수 있는 강력한 도구입니다. 적절한 위로의 말이나 진정성 있는 사과의 말은 갈등을 해소하고 관계를 회복할 수 있으며, 이는 물질적 자원보다 큰 가치를 지닐 수 있습니다.

현대 사회에서도 이 속담은 유효하며, 비즈니스 환경에서 적절한 말 한 마디가 협상이나 계약을 성사시키는 데 결정적인 역할을 할 수 있습니다. 또한, 개인 간의 대화에서도 공감과 이해의 말을 통해 관계를 강화할 수 있습니다. 이는 우리가 말의 중요성을 인식하고 신중하게 사용하는 것이 중요함을 강조합니다.

무심코 던진 말 한 마디가 큰 영향을 미칠 수 있기에 항상 신중하고 배려심 있게 말해야 합니다. "말 한 마디로 천 냥 빚 갚는다"는 속담은 우리가 말과 대화에서 신중하고 책임감 있는 태도를 유지하는 것이 얼마나 중요한지를 일깨워줍니다. 이를 통해 더 나은 인간 관계를 구축하고, 상황을 긍정적으로 변화시킬 수 있습니다.

낮말은 새가 듣고
밤말은 쥐가 듣는다

"낮말은 새가 듣고 밤말은 쥐가 듣는다"는 속담은 말의 신중함을 강조합니다. 낮에 한 말은 새가, 밤에 한 말은 쥐가 듣는다는 의미로, 우리가 하는 말이 언제 어디서든 누군가에 의해 들릴 수 있다는 것을 상기시킵니다. 이 속담은 비밀을 지키기 어렵다는 교훈을 주며, 사소한 잡담이나 험담이 불필요한 갈등과 오해를 초래할 수 있음을 경고합니다. 우리는 항상 말을 신중하게 해야 하며, 특히 비밀스러운 내용이나 남에게 해가 될 수 있는 말은 삼가야 합니다.

현대 사회에서도 이 속담은 유효합니다. 소셜 미디어와 같은 디지털 환경에서는 말이 빠르게 확산되기 때문에, 한 번 올린 글이나 댓글이 많은 사람에게 영향을 미칠 수 있습니다. 온라

인에서도 말의 신중함을 유지하고, 타인에게 해가 되지 않도록 주의해야 합니다.

"낮말은 새가 듣고 밤말은 쥐가 듣는다"는 속담은 언제나 신중하게 말하고 행동해야 한다는 중요한 교훈을 담고 있습니다. 이를 통해 불필요한 오해와 갈등을 피하고, 신뢰를 바탕으로 한 건강한 인간 관계를 유지할 수 있습니다. 말의 신중함과 배려가 우리의 일상 속에서 더욱 중요해지는 교훈을 되새기게 하는 속담입니다.

듣기 좋은 꽃 노래도 한 두 번이다

"Repeated Praise"

　"듣기 좋은 꽃 노래도 한두 번이다"는 속담은 아무리 즐겁고 듣기 좋은 말이라도 자주 반복되면 그 매력이 사라질 수 있다는 뜻입니다. 이는 지나친 칭찬이나 아첨, 혹은 듣기 좋은 이야기를 반복하는 것이 오히려 그 가치를 떨어뜨릴 수 있다는 교훈을 줍니다.

　사람들은 처음에는 칭찬이나 좋은 말에 기분이 좋아지지만, 반복적으로 듣게 되면 진정성을 의심하거나 감동이 줄어들 수 있습니다. 이는 개인 간의 대화뿐만 아니라, 공적인 자리나 업무 환경에서도 적용될 수 있습니다. 적절한 시기와 상황에서 진심을 담아 말하는 것이 중요합니다. 또한, 이 속담은 듣는 사람의 입장을 고려하는 것이 중요하다는 교훈을 줍니다. 우리는 상대방이 듣고 싶어하는 말뿐만 아니라, 그들에게 진정으로 도움이 되는 말과 조언을 해야 합니다. 무조건 듣기 좋은 말만 하다 보면 오히려 상대방에게 해가 될 수 있습니다.

"듣기 좋은 꽃 노래도 한두 번이다"는 아무리 좋은 말이라도 반복되면 그 효과가 줄어들 수 있다는 중요한 교훈을 담고 있습니다. 우리는 항상 진정성과 상황을 고려하여 말을 해야 하며, 적절한 타이밍에 적절한 말을 하는 것이 중요합니다. 이 속담은 우리에게 말의 가치를 되새기고, 신중하고 진심 어린 대화를 나누는 것이 얼마나 중요한지를 일깨워줍니다.

말이
씨가 된다

"말이 씨가 된다"는 속담은 말의 힘과 그 결과의 중요성을 강조합니다. 우리의 말은 단순한 의사소통 도구를 넘어서, 생각과 감정을 표현하고, 주변 사람들과 상황에 영향을 미칠 수 있는 강력한 도구입니다. 예를 들어, 긍정적인 말을 자주 하는 사람은 긍정적인 결과를, 부정적인 말을 자주 하는 사람은 부정적인 결과를 끌어들일 수 있습니다.

이 속담은 우리의 말에 대한 책임감을 일깨웁니다. 무심코 내뱉은 말 한마디가 큰 영향을 미칠 수 있기 때문에 항상 신중하게 말해야 합니다. 긍정적이고 희망적인 말을 통해 더 나은 미래를 만들 수 있으며, 부정적이고 파괴적인 말은 해로움을 초래할 수 있습니다.

"말이 씨가 된다"는 속담은 우리가 어떤 말을 하느냐에 따라 우리의 미래가 달라질 수 있다는 중요한 교훈을 주며, 말의 힘을 신중하게 사용하고 긍정적인 방향으로 활용하는 것이 우리의 삶을 더 나은 방향으로 이끌 수 있음을 강조합니다.

호랑이도
제 말 하면 온다

　"호랑이도 제 말 하면 온다"는 속담은 우리가 하는 말이 때로는 뜻하지 않은 결과를 불러일으킬 수 있다는 경고를 담고 있습니다. 이 속담의 의미는 우리가 특정 사람이나 상황에 대해 이야기할 때, 그 대상이 마치 그 말을 듣고 나타나는 것처럼 갑작스런 결과가 발생할 수 있다는 것입니다. 이는 말의 힘과 신중함을 강조하는 교훈으로, 어디서나 누군가가 우리 말을 듣고 있을 수 있으니 항상 조심하라는 뜻입니다.

　이 속담은 현대 사회에서도 중요한 교훈을 줍니다. 예를 들어, 직장에서 동료나 상사에 대한 이야기를 무심코 했을 때, 그 이야기가 전달되어 불필요한 오해나 갈등을 초래할 수 있습니다. 또한, 소셜 미디어와 같은 디지털 공간에서는 우리의 말이 널리 퍼질 수 있어, 신중하게 말하고 글을 올려야 함을 상기시킵니다. 무심코 던진 말 한마디가 큰 파장을 일으킬 수 있으니 항상 조심해야 합니다.

"호랑이도 제 말 하면 온다"는 속담은 우리가 하는 말이 의도치 않은 결과를 초래할 수 있음을 경고하며, 말과 행동의 신중함을 강조합니다. 이는 우리의 일상 생활에서 타인과의 관계를 건강하고 긍정적으로 유지하는 데 중요한 교훈을 제공합니다. 항상 상황과 주변을 고려하여 신중하게 말하는 태도가 필요합니다.

말 한마디에
천냥 빚을 갚는다

"말 한마디에 천냥 빚을 갚는다"는 속담은 언어의 힘과 중요성을 강조하는 교훈을 담고 있습니다. 이 속담은 우리가 상황을 현명하게 해결하거나 큰 문제를 간단히 해결할 수 있는 능력이 말에 있음을 나타냅니다. 말은 단순한 의사소통 수단을 넘어서, 상황을 바꾸고 사람들의 감정을 움직일 수 있는 강력한 도구입니다. 예를 들어, 적절한 위로의 말이나 진정성 있는 사과의 말은 갈등을 해소하고 관계를 회복할 수 있습니다.

현대 사회에서도 이 속담은 여전히 유효합니다. 비즈니스 환경에서 적절한 말 한 마디가 협상이나 계약을 성사시키는 결정적인 역할을 할 수 있으며, 개인 간의 대화에서도 공감과 이해의 말을 통해 관계를 강화할 수 있습니다. 이는 우리가 말의 중요성을 인식하고 신중하게 사용하는 것이 얼마나 중요한지를 강조합니다. 무심코 던진 말 한 마디가 큰 영향을 미칠 수 있기 때문에 항상 신중하고 배려심 있게 말해야 합니다.

"말 한마디에 천냥 빚을 갚는다"는 속담은 언어의 중요성과 그 힘을 강조하며, 우리가 말과 대화에서 신중하고 책임감 있는 태도를 유지하는 것이 얼마나 중요한지를 일깨워줍니다. 이를 통해 우리는 더 나은 인간 관계를 구축하고, 상황을 긍정적으로 변화시킬 수 있는 능력을 가질 수 있습니다. 말의 힘은 우리의 일상에서 큰 영향을 미치며, 이를 잘 활용하는 것이 중요합니다.

세 치 혀가
사람 잡는다

"세 치 혀가 사람 잡는다"는 속담은 말의 위험성과 그로 인해 발생할 수 있는 심각한 결과를 경고하는 교훈을 담고 있습니다. 이 속담의 의미는 짧은 혀로 하는 말이 사람에게 큰 해를 끼칠 수 있다는 것입니다. 이는 말이 단순한 의사소통 도구를 넘어, 사람의 감정과 행동에 큰 영향을 미칠 수 있다는 것을 강조합니다.

우리는 말 한 마디로 사람의 마음을 다치게 하거나, 심지어는 큰 갈등과 분쟁을 초래할 수 있습니다. 특히 무심코 내뱉은 말이나 경솔한 발언이 상대방에게 큰 상처를 주거나, 오해를 불러일으킬 수 있습니다. 따라서 우리는 항상 말을 조심스럽고 신중하게 해야 하며, 다른 사람의 감정을 고려한 배려심 있는 대화가 필요합니다.

　이 속담은 현대 사회에서도 중요한 의미를 지닙니다. 소셜 미디어와 같은 디지털 공간에서는 우리의 말이 더 빠르고 널리 퍼질 수 있기 때문에, 더욱 신중하고 책임감 있게 말해야 합니다. "세 치 혀가 사람 잡는다"는 말의 위험성을 상기시키며, 우리가 언제나 신중하고 배려심 있게 말하는 태도를 유지해야 함을 일깨워줍니다. 이를 통해 불필요한 갈등과 상처를 피하고, 건강한 인간 관계를 유지할 수 있습니다.

말을 아끼면
몸이 성하다

　"말을 아끼면 몸이 성하다"는 속담은 말의 신중함과 절제의 중요성을 강조하는 교훈을 담고 있습니다. 이 속담은 지나치게 많은 말을 하지 않고, 필요할 때만 신중하게 말하는 것이 몸과 마음의 건강에 이롭다는 의미를 내포하고 있습니다. 과도한 말은 종종 불필요한 갈등과 오해를 불러일으킬 수 있기 때문에, 말을 아끼고 절제하는 태도가 필요합니다.

　우리는 대화에서 적절한 때에 적절한 말을 하는 것이 중요합니다. 무분별하게 많은 말을 하면 상대방에게 잘못 전달되거나 오해를 불러일으킬 수 있습니다. 또한, 말을 아끼는 태도는 상대방의 말을 경청하고, 필요할 때 적절한 반응을 하는 데에도 도움이 됩니다. 이는 더 나은 대화를 이끌어내고, 상호 이해를 증진시키는 데 기여합니다.

현대 사회에서도 이 속담은 유효합니다. 소셜 미디어와 같은 디지털 환경에서는 과도한 말과 정보가 넘쳐나기 때문에, 우리가 하는 말에 더욱 신중해야 합니다. "말을 아끼면 몸이 성하다"는 속담은 우리가 언제나 신중하고 절제된 태도로 말하고 행동해야 함을 일깨워줍니다. 이를 통해 불필요한 갈등을 피하고, 더 건강한 인간 관계를 유지할 수 있습니다.

말로
천 리를 간다

　"말로 천 리를 간다"는 속담은 말의 힘과 중요성을 강조하는 교훈을 담고 있습니다. 이 속담의 의미는 말로써 먼 길을 갈 수 있다는 것으로, 우리의 말이 사람들에게 큰 영향을 미치고, 상황을 바꾸며, 더 나아가 우리의 인생을 변화시킬 수 있다는 것을 상기시킵니다. 말은 단순한 의사소통 도구를 넘어, 관계를 형성하고, 문제를 해결하며, 목표를 달성하는 데 중요한 역할을 합니다.

　우리는 말로써 다른 사람과 소통하고, 우리의 생각과 감정을 전달하며, 협력을 이끌어낼 수 있습니다. 적절한 말 한 마디는 때로는 행동보다 더 큰 힘을 발휘할 수 있으며, 사람들의 마음을 움직이고, 상황을 긍정적으로 변화시킬 수 있습니다. 따라서 우리는 말의 중요성을 인식하고, 신중하게 말하는 태도를 유지하는 것이 중요합니다.

비즈니스 환경에서 적절한 말은 협상과 계약을 성사시키는 데 큰 역할을 할 수 있으며, 개인 간의 대화에서도 공감과 이해를 통해 관계를 강화할 수 있습니다. "말로 천 리를 간다"는 속담은 우리가 말의 힘을 인식하고, 긍정적이고 건설적인 대화를 나누는 것이 얼마나 중요한지를 일깨워줍니다. 이를 통해 우리는 더 나은 인간 관계를 구축하고, 더 나은 삶을 살아갈 수 있습니다.

행실이
말보다 중요하다

"행실이 말보다 중요하다"는 속담은 우리의 행동이 말보다 더욱 중요한 영향을 미친다는 교훈을 담고 있습니다. 이 속담의 의미는 말로만 그치는 것이 아니라, 실제 행동으로 보여주는 것이 더 중요하다는 것을 강조합니다. 아무리 좋은 말이나 의도를 가지고 있더라도, 그에 상응하는 행동이 따르지 않으면 진정한 가치를 발휘하기 어렵다는 의미입니다.

우리는 일상생활에서 많은 말을 하고, 여러 가지 약속을 합니다. 하지만 그 말을 실천하지 않으면 신뢰를 잃기 쉽습니다. 예를 들어, 친구에게 도움을 약속했지만 실제로 돕지 않는다면 그 약속은 의미가 없어집니다. 따라서 우리의 말에 책임을 지고, 행동으로 실천하는 것이 중요합니다. 이는 신뢰를 쌓고,

긍정적인 인간관계를 유지하는 데 큰 역할을 합니다.

개인의 행실이 말보다 더 중요하게 평가 받는 상황이 많기 때문입니다. 직장에서는 말보다 행동으로 성과를 보여주는 것이 중요하며, 사회적 관계에서도 신뢰를 쌓는 데 행실이 결정적인 역할을 합니다. "행실이 말보다 중요하다"는 속담은 우리가 말과 행동이 일치하는 삶을 살아가도록 일깨워줍니다. 이를 통해 우리는 더 신뢰받는 사람으로 성장할 수 있습니다.

말은 앵무새도 하고
돈은 호랑이도 한다

"말은 앵무새도 하고 돈은 호랑이도 한다"는 속담은 말과 돈의 힘을 비교하면서, 특히 돈의 실질적인 힘을 강조하는 교훈을 담고 있습니다. 이 속담의 의미는 말은 누구나 할 수 있지만, 돈은 실제로 힘을 발휘하는 데 중요하다는 것입니다. 이는 말의 중요성도 인정하지만, 현실적으로 돈이 가지는 영향력과 힘이 더 크다는 것을 상기시킵니다.

우리는 일상생활에서 많은 말을 하지만, 그 말이 실제로 실행되기 위해서는 자원과 재력이 필요할 때가 많습니다. 예를 들어, 좋은 아이디어나 계획을 말로 제시하는 것은 쉽지만, 그것을 실현하기 위해서는 자금이 필요합니다. 따라서 말만 하는 것이 아니라, 그 말을 뒷받침할 수 있는 재정적 자원이 필요함을 강조합니다.

특히 비즈니스나 경제 활동에서 말보다 실질적인 자원의 중요성을 일깨워줍니다. 아무리 좋은 계획이나 전략이 있어도, 그것을 실행하기 위한 자금이 없다면 실현되기 어렵습니다. "말은 앵무새도 하고 돈은 호랑이도 한다"는 속담은 우리가 말과 행동 모두를 중요하게 여기면서도, 현실적인 측면을 간과하지 말아야 한다는 교훈을 줍니다. 이를 통해 우리는 더 실질적이고 효과적인 삶의 방식을 추구할 수 있습니다.

입은 닫고
눈은 열어라

　"입은 닫고 눈은 열어라"는 속담은 말을 아끼고 주의 깊게 관찰하는 태도의 중요성을 강조하는 교훈을 담고 있습니다. 이 속담의 의미는 말보다는 주변 상황을 잘 살피고 관찰하는 것이 더 중요하다는 것을 나타냅니다. 이는 경솔하게 말을 많이 하기보다는, 눈으로 보고 귀로 듣는 것이 지혜롭다는 뜻입니다.

　우리는 때때로 상황을 제대로 파악하지 않고 말을 함으로써 오해를 일으키거나 실수를 저지를 수 있습니다. 이 속담은 그러한 실수를 피하기 위해 먼저 상황을 잘 관찰하고 이해한 후에 말을 해야 한다는 것을 강조합니다. 특히 중요한 결정을 내리기 전에 주변을 잘 살피고 정보를 충분히 수집하는 것이 필요합니다.

정보의 홍수 속에서 우리는 말보다 관찰과 경청의 중요성을 잊기 쉽습니다. 소셜 미디어와 같은 디지털 환경에서는 무분별한 발언이 빠르게 퍼질 수 있기 때문에, 더욱 신중하게 말하고, 정보를 정확하게 파악하는 것이 중요합니다. "입은 닫고 눈은 열어라"는 속담은 우리가 언제나 신중하고 주의 깊게 주변을 관찰해야 함을 일깨워줍니다. 이를 통해 더 정확한 판단을 내리고, 더 나은 결정을 할 수 있습니다.

사람은 죽으면 이름을 남기고,
말은 죽으면 악취를 남긴다

"사람은 죽으면 이름을 남기고, 말은 죽으면 악취를 남긴다"는 속담은 사람의 행적과 말의 영향력을 강조하는 교훈을 담고 있습니다. 이 속담의 의미는 사람이 죽은 후에도 그의 이름과 업적은 오래도록 기억되지만, 나쁜 말이나 험담은 그 말이 끝난 후에도 오랫동안 악영향을 미친다는 것입니다. 이는 우리의 행동과 말이 다른 사람들에게 얼마나 큰 영향을 미치는지를 상기시킵니다.

우리는 일상에서 말과 행동을 통해 자신의 인격과 평판을 쌓아갑니다. 좋은 행실과 선한 말은 사람들에게 긍정적인 기억을 남기고, 우리의 이름을 빛낼 수 있습니다. 반면, 나쁜 말이나 부정적인 행동은 그 말과 행동이 끝난 후에도 오랫동안 사람들의 마음에 남아 부정적인 영향을 끼칩니다. 따라서 우리는 항상 신중하게 말하고 행동해야 하며, 좋은 인상을 남기기 위해 노력해야 합니다.

소셜 미디어와 같은 디지털 환경에서는 우리의 말이 더 빠르게 퍼질 수 있어, 더욱 신중하고 책임감 있게 말해야 합니다. "사람은 죽으면 이름을 남기고, 말은 죽으면 악취를 남긴다"는 속담은 우리가 평판을 쌓고, 말과 행동의 중요성을 되새기게 하며, 긍정적인 영향력을 발휘하기 위해 노력해야 함을 일깨워줍니다. 이를 통해 우리는 더 나은 인간 관계를 형성하고, 사회에 긍정적인 기여를 할 수 있습니다.

들어서
남 주랴

　"들어서 남 주랴"는 속담은 우리가 직접 경험하고 배운 것을 다른 사람에게 쉽게 넘기지 않으려는 심리를 담고 있습니다. 이 속담의 의미는 자신이 고생하며 얻은 지식이나 경험을 다른 사람에게 그냥 주기 어렵다는 것을 나타냅니다. 이는 경험의 가치와 그 소중함을 강조하며, 직접 경험해보지 않고 쉽게 얻은 정보나 지식은 진정한 가치가 없다는 교훈을 줍니다.

　사람들은 자신이 힘들게 얻은 지식이나 경험을 소중하게 여기기 때문에, 그것을 다른 사람에게 쉽게 공유하지 않으려는 경향이 있습니다. 이는 지식의 소중함과 경험의 가치를 인식하게 하고, 우리 스스로도 직접 경험을 통해 배우는 것이 얼마나 중요한지를 일깨워줍니다. 다른 사람의 경험을 듣는 것도 중요하지만, 직접 경험하면서 배우는 과정이 더 큰 의미와 가치를 가질 수 있습니다.

인터넷과 소셜 미디어를 통해 쉽게 정보를 얻을 수 있는 시대이지만, 진정한 가치는 직접 경험하고 체득하는 데 있습니다. "들어서 남 주랴"는 우리가 경험의 중요성을 인식하고, 직접 경험을 통해 지식을 쌓고 성장해야 한다는 교훈을 줍니다. 이를 통해 우리는 더 깊이 있는 지식과 이해를 얻고, 더욱 성장할 수 있습니다.

가루는 칠수록 고와지고
말은 할수록 거칠어진다

"가루는 칠수록 고와지고 말은 할수록 거칠어진다"는 속담은 우리의 행동과 말에 대한 신중함을 강조하는 교훈을 담고 있습니다. 이 속담의 의미는 가루는 곱게 만들기 위해 여러 번 체를 치면 더 고와지지만, 말은 많이 할수록 오히려 거칠어지고 부정적인 결과를 초래할 수 있다는 것을 나타냅니다. 이는 적절하고 신중하게 말하는 것이 얼마나 중요한지를 상기시킵니다.

우리는 일상에서 많은 말을 하게 되지만, 때로는 말이 많아질수록 그 속에 불필요한 내용이나 부정적인 감정이 섞일 수 있습니다. 말이 많아지면 오해가 생기기 쉽고, 진심이 왜곡될 가능성도 높아집니다. 따라서 말을 아끼고 신중하게 하는 것이 중요합니다. 이는 우리가 보다 긍정적이고 효과적인 소통을 할 수 있게 도와줍니다.

특히 소셜 미디어와 같은 디지털 환경에서는 짧은 시간에 많은 말을 하게 되는 경우가 많아, 신중하지 않으면 오해나 갈등이 발생하기 쉽습니다. "가루는 칠수록 고와지고 말은 할수록 거칠어진다"는 속담은 우리가 언제나 말을 신중하고 적절하게 해야 함을 일깨워줍니다. 이를 통해 더 건강한 대인 관계와 소통을 유지할 수 있습니다.

말은 한 번 뱉으면
주워 담을 수 없다

"말은 한 번 뱉으면 주워 담을 수 없다"는 속담은 말의 책임성과 그로 인한 결과의 불가역성을 강조하는 교훈을 담고 있습니다. 이 속담의 의미는 우리가 한 번 내뱉은 말은 다시 주워 담을 수 없으며, 그 말이 미치는 영향을 되돌릴 수 없다는 것을 나타냅니다. 이는 말의 신중함과 책임감을 상기시키며, 우리가 하는 말이 다른 사람들에게 어떤 영향을 미칠지 항상 고려해야 함을 강조합니다.

우리가 일상생활에서 무심코 던진 말 한마디가 큰 오해나 갈등을 초래할 수 있습니다. 예를 들어, 화가 난 상태에서 내뱉은 말이 상대방에게 깊은 상처를 줄 수 있으며, 그로 인해 관계가 훼손될 수도 있습니다. 이러한 상황을 피하기 위해서는 항상 감정을 조절하고, 신중하게 말하는 태도를 유지해야 합니다. 말의 책임성을 인식하고, 필요할 때는 말을 아끼는 것이 중요합니다.

특히 소셜 미디어와 같은 디지털 환경에서는 우리의 말이 더 빠르고 널리 퍼질 수 있기 때문에, 더욱 신중하고 책임감 있게 말해야 합니다. "말은 한 번 뱉으면 주워 담을 수 없다"는 속담은 우리가 언제나 신중하게 말하고, 말의 영향을 고려하는 태도를 유지해야 함을 일깨워줍니다. 이를 통해 우리는 더 건강한 대인 관계를 형성하고, 긍정적인 영향을 미칠 수 있습니다.

말로 누워서
떡 먹기

 "말로 누워서 떡 먹기" 속담은 말의 힘과 그로 인해 쉽게 일을 성사시키는 상황을 묘사하는 교훈을 담고 있습니다. 이 속담의 의미는 말을 잘하면 누워서 떡을 먹듯이 일을 쉽게 해결할 수 있다는 것을 나타냅니다. 이는 말의 중요성과 그 효과를 강조하며, 말이 상황을 긍정적으로 변화시키는 데 큰 역할을 할 수 있음을 상기시킵니다.

 우리는 일상에서 적절한 말 한 마디로 복잡한 문제를 해결하거나, 어려운 상황을 손쉽게 넘길 수 있습니다. 예를 들어, 협상에서 적절한 설득의 말을 통해 합의를 이끌어내거나, 갈등 상황에서 진정성 있는 사과를 통해 관계를 회복할 수 있습니다. 말의 힘을 제대로 활용하면 큰 노력을 들이지 않고도 원하는 결과를 얻을 수 있습니다.

비즈니스나 개인 간의 대화에서 적절한 말을 통해 문제를 해결하고, 관계를 개선하는 데 큰 도움이 될 수 있습니다. "말로 누워서 떡 먹기"는 우리가 상황에 맞게 신중하고 효과적으로 말하는 것이 얼마나 중요한지를 일깨워줍니다. 이를 통해 우리는 더 나은 소통과 결과를 얻을 수 있습니다.

말은 해야 맛이고
고기는 씹어야 맛이다

"말은 해야 맛이고 고기는 씹어야 맛이다" 속담은 말과 행동의 적절한 사용이 각각의 즐거움과 가치를 극대화한다는 교훈을 담고 있습니다. 이 속담의 의미는 말을 적절히 잘 해야 말의 참된 맛과 효과를 느낄 수 있고, 고기를 씹어 먹어야 그 맛을 제대로 음미할 수 있다는 것을 나타냅니다. 이는 말과 행동의 중요성을 동시에 강조하며, 각각의 적절한 사용이 중요한 결과를 가져올 수 있음을 상기시킵니다.

우리는 일상에서 말과 행동을 통해 의사소통하고, 관계를 형성하며, 목표를 달성합니다. 예를 들어, 명확하고 진정성 있는 말을 통해 상대방과의 신뢰를 쌓을 수 있고, 직접적인 행동을 통해 그 신뢰를 실질적으로 보여줄 수 있습니다. 말을 해야만 우리의 생각과 감정을 전달할 수 있으며, 행동을 통해 그 말을 실천하고 확인할 수 있습니다.

비즈니스나 개인 간의 관계에서 적절한 말과 행동은 신뢰를 구축하고, 목표를 달성하는 데 중요한 역할을 합니다. "말은 해야 맛이고 고기는 씹어야 맛이다"라는 속담은 우리가 상황에 맞게 적절히 말하고 행동하는 것이 얼마나 중요한지를 일깨워줍니다. 이를 통해 우리는 더 나은 소통과 관계를 형성할 수 있습니다.

말보다
실천이 중요하다

"말보다 실천이 중요하다"는 속담은 행동의 중요성과 말보다 실천이 더 강력한 영향을 미친다는 교훈을 담고 있습니다. 이 속담의 의미는 아무리 좋은 말을 많이 해도 실제로 행동으로 옮기지 않으면 그 말은 아무런 가치가 없다는 것을 강조합니다. 이는 우리의 말에 대한 책임성과 함께, 말보다 행동을 통해 진정한 변화를 이루어야 한다는 뜻을 나타냅니다.

우리는 일상에서 많은 말을 하고 계획을 세우지만, 실제로 그것을 실천하지 않으면 아무런 결과를 얻을 수 없습니다. 예를 들어, 건강을 위해 운동을 해야겠다고 말만 하고 실천하지 않으면 아무런 효과를 볼 수 없습니다. 따라서 중요한 것은 계획과 다짐을 행동으로 옮기는 것입니다. 실천을 통해서만 우리가 원하는 목표를 이룰 수 있습니다.

특히 직장이나 사회에서 신뢰를 얻기 위해서는 말뿐만 아니라 행동으로 실천하는 것이 필요합니다. "말보다 실천이 중요하다"는 속담은 우리가 언제나 말보다 행동을 우선시하고, 실천을 통해 진정한 변화를 이루어야 함을 일깨워줍니다. 이를 통해 우리는 더 신뢰받는 사람으로 성장하고, 사회에 긍정적인 영향을 미칠 수 있습니다

말을 많이 하면
실수가 많다

"말을 많이 하면 실수가 많다"는 속담은 말을 많이 할수록 실수를 저지를 가능성이 높아진다는 교훈을 담고 있습니다. 이 속담의 의미는 불필요하게 많은 말을 함으로써 자신도 모르게 실수를 하게 되고, 그것이 오해나 갈등을 초래할 수 있다는 것입니다. 이는 말의 신중함과 절제의 중요성을 강조합니다.

우리는 대화 중에 많은 말을 하게 되지만, 과도하게 말을 많이 하면 그 속에 부정확한 정보나 잘못된 표현이 섞일 수 있습니다. 특히 감정적인 상황에서는 무심코 내뱉은 말이 상대방에게 큰 상처를 줄 수 있습니다. 따라서 항상 상황에 맞는 적절한 말을 선택하고, 필요할 때는 말을 아끼는 것이 중요합니다. 신중하고 절제된 태도로 대화를 나누면 실수를 줄이고, 보다 원활한 소통이 가능합니다.

특히 소셜 미디어와 같은 디지털 환경에서는 우리가 한 말이 빠르게 퍼질 수 있기 때문에, 더욱 신중하게 말해야 합니다. "말을 많이 하면 실수가 많다"는 속담은 우리가 말의 신중함과 절제의 중요성을 항상 기억하고, 불필요한 실수를 피하는 태도를 유지해야 함을 일깨워줍니다. 이를 통해 우리는 더 건강한 대인 관계와 소통을 유지할 수 있습니다.

말로만 천하를
평정할 수 없다

　"말로만 천하를 평정할 수 없다"는 속담은 말의 한계와 행동의 중요성을 강조하는 교훈을 담고 있습니다. 이 속담의 의미는 아무리 좋은 말이나 계획을 많이 해도 실제로 행동으로 옮기지 않으면 아무런 결과를 얻을 수 없다는 것을 나타냅니다. 이는 우리의 말이 행동으로 뒷받침되지 않으면 그 말은 아무런 가치가 없다는 것을 강조합니다.

　우리는 일상에서 많은 말을 하고 계획을 세우지만, 그것을 실천하지 않으면 원하는 목표를 달성할 수 없습니다. 예를 들어, 리더가 훌륭한 비전을 제시하더라도 그 비전을 실현하기 위한 구체적인 행동과 실행이 따르지 않으면 그 비전은 실현될 수 없습니다. 따라서 중요한 것은 말뿐만 아니라, 그 말을 실현하기 위한 실천과 노력이 필요합니다.

특히 직장이나 사회에서 신뢰를 얻기 위해서는 말뿐만 아니라 행동으로 실천하는 것이 필요합니다. "말로만 천하를 평정할 수 없다"는 속담은 우리가 언제나 말보다 행동을 우선시하고, 실천을 통해 진정한 변화를 이루어야 함을 일깨워줍니다. 이를 통해 우리는 더 신뢰받는 사람으로 성장하고, 사회에 긍정적인 영향을 미칠 수 있습니다.

말이 많으면
쓸 말이 적다

"말이 많으면 쓸 말이 적다"는 속담은 불필요하게 많은 말을 하다 보면 정말 중요한 말이나 의미 있는 말을 찾기 어렵다는 교훈을 담고 있습니다. 이 속담의 의미는 말을 많이 하면 할수록, 그 속의 가치 있는 내용이 희석되거나 사라질 수 있다는 것을 강조합니다. 이는 신중하게 말하고, 중요한 말에 집중하는 태도의 중요성을 상기시킵니다.

우리는 일상에서 대화를 통해 많은 말을 하지만, 그 중에서 정말 중요한 말을 찾기 어려울 때가 있습니다. 말이 많아지면 오히려 본질을 잃고, 쓸모 없는 내용만 가득해질 수 있습니다. 따라서 우리는 말의 양보다는 질에 집중해야 하며, 중요한 내용을 명확하고 간결하게 전달하는 것이 필요합니다. 이는 효과적인 의사소통과 소통의 본질을 이해하는 데 도움이 됩니다.

소셜 미디어와 같은 디지털 환경에서는 짧고 의미 있는 말이 더욱 중요합니다. "말이 많으면 쓸 말이 적다"는 속담은 우리가 언제나 신중하고 의미 있는 말을 해야 함을 일깨워줍니다. 이를 통해 우리는 더 효과적이고 생산적인 대화를 나눌 수 있습니다.

말이 없으면
고요하다

"말이 없으면 고요하다"는 속담은 침묵의 평온함과 차분함을 강조하는 교훈을 담고 있습니다. 이 속담의 의미는 말을 하지 않으면 주변이 조용해지고, 불필요한 소음이나 갈등이 생기지 않는다는 것을 나타냅니다. 이는 침묵의 가치를 상기시키며, 필요하지 않은 말은 하지 않는 것이 오히려 더 나은 결과를 가져올 수 있다는 교훈을 줍니다.

우리는 일상에서 많은 말을 하게 되지만, 때로는 침묵이 더 큰 힘을 발휘할 때가 있습니다. 불필요한 말이나 무의미한 대화는 오히려 소음을 만들고, 집중을 방해할 수 있습니다. 반면에, 침묵은 생각을 정리하고, 차분하게 상황을 분석하는 데 도움이 됩니다. 이는 우리가 말의 중요성을 인식하고, 필요할 때는 침묵을 선택하는 태도를 유지하는 것이 중요하다는 것을 강조합니다.

특히, 디지털 환경의 과도한 정보와 소음 속에서, 침묵을 통해 차분하게 상황을 바라보고 신중하게 판단하는 것이 필요합니다. "말이 없으면 고요하다"는 속담은 우리가 인제나 신중하고 필요한 말을 하며, 침묵의 가치를 인식해야 함을 일깨워줍니다. 이를 통해 우리는 더 평온하고 차분한 삶을 살아갈 수 있습니다.

말한 자리에
꼬리가 남는다

"말한 자리에 꼬리가 남는다"는 속담은 우리가 한 말이 쉽게 사라지지 않고, 그 말이 남긴 영향이 오래도록 지속된다는 교훈을 담고 있습니다. 이 속담의 의미는 우리가 내뱉은 말이 어떤 형태로든 흔적을 남기며, 그것이 다른 사람에게 미치는 영향과 결과를 신중히 고려해야 한다는 것을 강조합니다.

우리가 일상생활에서 무심코 던진 말 한마디가 오랜 시간 동안 사람들의 기억 속에 남아 긍정적이거나 부정적인 영향을 미칠 수 있습니다. 예를 들어, 칭찬 한 마디는 상대방에게 오랫동안 긍정적인 기억으로 남을 수 있지만, 비난이나 험담은 깊은 상처를 남기고 오랫동안 잊히지 않을 수 있습니다. 따라서 우리는 항상 신중하게 말하고, 다른 사람에게 긍정적인 영향을 미치도록 노력해야 합니다.

특히 소셜 미디어와 같은 디지털 환경에서는 우리의 말이 더 빠르게 퍼지고 오랫동안 기록으로 남을 수 있기 때문에, 더욱 신중하게 말하고 글을 올려야 합니다. "말한 자리에 꼬리가 남는다"는 속담은 우리가 언제나 말의 책임성을 인식하고, 신중하게 말해야 함을 일깨워줍니다. 이를 통해 우리는 더 긍정적인 대인 관계를 형성하고, 사회에 긍정적인 영향을 미칠 수 있습니다.

말 한마디에
천금값

"말 한마디에 천금값"는 속담은 우리의 말이 때로는 매우 귀중한 가치를 지닐 수 있다는 교훈을 담고 있습니다. 이 속담의 의미는 적절하고 효과적인 말 한 마디가 때로는 금보다 더 큰 가치를 가질 수 있으며, 중요한 상황에서 우리의 말이 얼마나 큰 영향을 미칠 수 있는지를 상기시킵니다.

우리는 일상에서 적절한 말을 통해 큰 변화를 일으키거나 중요한 문제를 해결할 수 있습니다. 예를 들어, 진심 어린 사과나 격려의 말은 상대방에게 큰 감동을 주고, 관계를 회복하는 데 큰 역할을 할 수 있습니다. 또한, 적절한 시기에 적절한 말을 하는 것은 협상이나 중요한 결정 과정에서 큰 영향을 미칠 수 있습니다. 이는 말의 중요성과 그 가치를 인식하고 신중하게 사용하는 것이 얼마나 중요한지를 강조합니다.

비즈니스나 개인 간의 대화에서 적절한 말은 신뢰를 구축하고, 중요한 문제를 해결하는 데 큰 도움이 될 수 있습니다. "말한마디에 천금값"은 우리가 상황에 맞게 신중하고 효과적으로 말하는 것이 얼마나 중요한지를 일깨워줍니다. 이를 통해 우리는 더 나은 소통과 결과를 얻을 수 있습니다.

말도
안 되는 소리

"말도 안 되는 소리" 속담은 현실성이 없거나 터무니없는 말을 의미합니다. 이 속담의 의미는 논리적이지 않거나 실현 가능성이 없는 말을 할 때 사용하는 표현입니다. 이는 우리가 상황을 정확하게 판단하고, 합리적이고 논리적인 대화를 나누는 것이 중요하다는 교훈을 담고 있습니다.

우리는 일상에서 종종 과장되거나 비현실적인 말을 들을 수 있습니다. 이러한 말들은 듣는 사람에게 혼란을 주거나, 신뢰를 잃게 만들 수 있습니다. 따라서 우리는 사실에 기반한, 합리적인 대화를 나누는 것이 중요합니다. 또한, 우리가 하는 말이 상대방에게 신뢰감을 줄 수 있도록 노력해야 합니다.

특히 정보의 홍수 속에서, 논리적이고 타당한 정보를 기반으로 대화하는 것이 중요합니다. "말도 안 되는 소리"는 우리가 언제나 사실과 논리에 기반한 대화를 나누어야 함을 일깨워줍니다. 이를 통해 우리는 더 신뢰받는 대화 상대가 될 수 있습니다.

말을 해라 해도
말을 안 한다

　"말을 해라 해도 말을 안 한다"는 속담은 어떤 사람에게 말을 하라고 권유해도 끝내 말을 하지 않는 상황을 묘사하는 교훈을 담고 있습니다. 이 속담의 의미는 의사소통의 중요성과 그 어려움을 강조하며, 특히 상대방이 말하기를 꺼리거나 무언가를 숨기려고 할 때 사용됩니다. 이는 강요나 압박으로는 원하는 대화를 이끌어낼 수 없다는 것을 상기시킵니다.

　우리는 일상에서 다양한 이유로 말을 하지 않으려는 사람들을 만날 수 있습니다. 그 이유는 개인적인 감정, 신뢰 부족, 또는 특정 상황에 대한 불편함 때문일 수 있습니다. 이러한 상황에서는 상대방을 이해하고, 편안한 분위기를 조성하여 자연스럽게 말을 이끌어내는 것이 중요합니다. 강압적인 태도로는 오히려 상대방이 더욱 말을 꺼리게 될 수 있습니다.

　현대 사회에서도 이 속담은 큰 의미를 갖습니다. 특히 직장이나 가정에서 열린 소통과 신뢰를 바탕으로 한 대화가 중요합니다. "말을 해라 해도 말을 안 한다"는 속담은 우리가 상대방의 입장을 이해하고, 적절한 방법으로 대화를 유도해야 함을 일깨워줍니다. 이를 통해 우리는 더 원활한 소통과 긍정적인 인간 관계를 형성할 수 있습니다.

말은 그냥
바람에 지나지 않는다

"말은 그냥 바람에 지나지 않는다"는 속담은 말의 무게와 중요성을 경시하는 태도를 경고하는 교훈을 담고 있습니다. 이 속담의 의미는 말이 단순히 흩어지는 바람처럼 무의미한 것이 아니라, 우리가 한 말이 실제로 사람들에게 영향을 미칠 수 있다는 것을 강조합니다. 이는 말의 힘과 그 결과를 신중하게 고려해야 한다는 것을 상기시킵니다.

우리는 일상에서 다양한 말을 하지만, 그 말들이 흩어져 사라진다고 생각해서는 안 됩니다. 특히 진심에서 우러난 말이나 중요한 메시지는 듣는 사람의 마음에 깊이 남아, 행동과 감정에 큰 영향을 미칠 수 있습니다. 따라서 우리는 항상 말의 책임성을 인식하고, 신중하고 배려심 있게 말해야 합니다. 무심코 던진 말 한마디가 예상치 못한 큰 파장을 일으킬 수 있기 때문에, 말에 대한 신중함과 주의가 필요합니다.

특히 소셜 미디어와 같은 디지털 환경에서는 우리의 말이 더 빠르고 널리 퍼질 수 있기 때문에, 더욱 신중하게 말하고 글을 올려야 합니다. "말은 그냥 바람에 지나지 않는다"는 속담은 우리가 언제나 말의 책임성을 인식하고, 신중하게 말해야 함을 일깨워줍니다. 이를 통해 우리는 더 건강한 대인 관계를 형성하고, 긍정적인 영향을 미칠 수 있습니다.

말이 많으면
실수가 나온다

"말이 많으면 실수가 나온다"는 속담은 지나치게 말을 많이 하면 실수를 저지를 가능성이 높아진다는 교훈을 담고 있습니다. 이 속담의 의미는 불필요하게 많은 말을 함으로써 자신도 모르게 실수를 하게 되고, 그것이 오해나 갈등을 초래할 수 있다는 것입니다. 이는 말의 신중함과 절제의 중요성을 강조합니다.

우리는 대화 중에 많은 말을 하게 되지만, 과도하게 말을 많이 하면 그 속에 부정확한 정보나 잘못된 표현이 섞일 수 있습니다. 특히 감정적인 상황에서는 무심코 내뱉은 말이 상대방에게 큰 상처를 줄 수 있습니다. 따라서 항상 상황에 맞는 적절한 말을 선택하고, 필요할 때는 말을 아끼는 것이 중요합니다. 신중하고 절제된 태도로 대화를 나누면 실수를 줄이고, 보다 원활한 소통이 가능합니다.

특히 소셜 미디어와 같은 디지털 환경에서는 우리가 한 말이 빠르게 퍼질 수 있기 때문에, 더욱 신중하게 말해야 합니다. "말이 많으면 실수가 나온다" 속담은 우리가 말의 신중함과 절제의 중요성을 항상 기억하고, 불필요한 실수를 피하는 태도를 유지해야 함을 일깨워줍니다. 이를 통해 우리는 더 건강한 대인 관계와 소통을 유지할 수 있습니다.

발 없는 말이
천리 길 간다

　"발 없는 말이 천리 길 간다"는 속담은 말의 힘과 그로 인한 영향력을 강조하는 교훈을 담고 있습니다. 이 속담의 의미는 말이 발이 없어도 순식간에 먼 곳까지 퍼질 수 있다는 것으로, 우리의 말이 얼마나 빠르게 널리 퍼질 수 있는지를 상기시킵니다. 이는 말의 신중함과 책임감을 강조하며, 우리가 하는 말이 다른 사람들에게 미칠 영향을 항상 고려해야 함을 의미합니다.

　우리가 일상생활에서 무심코 던진 말 한마디가 큰 오해나 갈등을 초래할 수 있습니다. 특히 감정적인 상태에서 내뱉은 말이나 경솔한 발언이 다른 사람들에게 큰 상처를 주고, 그 말이 예상치 못한 방식으로 퍼져나가 더 큰 문제를 일으킬 수 있습니다. 예를 들어, 잘못된 정보나 소문이 빠르게 퍼지면서 사람들 사이에 불신과 분쟁을 일으킬 수 있습니다. 따라서 우리는 항상 말을 신중하게 하고, 필요한 경우에는 침묵하는 것이 중요합니다.

현대 사회에서도 이 속담은 큰 의미를 갖습니다. 특히 소셜 미디어와 같은 디지털 환경에서는 우리의 말이 더 빠르고 널리 퍼질 수 있기 때문에, 더욱 신중하게 말하고 글을 올려야 합니다. "발 없는 말이 천리 길 간다"는 속담은 우리가 말의 책임성을 인식하고, 신중하게 말해야 함을 일깨워줍니다. 이를 통해 우리는 불필요한 오해와 갈등을 피하고, 더 건강한 대인관계를 형성할 수 있습니다. 이러한 태도는 우리가 더 신뢰받는 사람으로 성장하고, 사회에 긍정적인 영향을 미칠 수 있도록 도와줍니다.

말이 적으면
근심이 없다

언어 사용의 중요성을 강조하는 이 표현은 말이 적을수록 근심이 줄어든다는 의미를 담고 있습니다. 말을 많이 하면 오해나 불필요한 갈등이 생길 가능성이 높아지며, 이를 피하려면 신중하게 생각한 후에 말을 하는 것이 중요합니다. 말이 많아질수록 실수나 오해가 생길 가능성이 높기 때문에 불필요한 말을 줄이는 것이 좋습니다. 이렇게 함으로써 자신과 타인의 마음에 불필요한 근심을 덜 수 있습니다.

많은 말은 종종 갈등을 초래할 수 있습니다. 사람마다 생각과 해석이 다르기 때문에 과도한 말은 오히려 갈등의 씨앗이 될 수 있습니다. 따라서 필요 이상의 말을 삼가고, 중요한 순간에만 정확하고 신중하게 말하는 습관을 기르는 것이 중요합니다. 이를 통해 인간관계를 원만하게 유지할 수 있습니다.

말을 아끼는 것은 타인과의 관계에서만 유익한 것이 아니라 자신의 내면에서도 불필요한 스트레스를 줄이는 데 도움이 됩니다. 말을 아끼고 생각을 정리함으로써 더 깊은 자기 성찰을 할 수 있으며, 이는 내면의 평화를 가져다 줍니다. 궁극적으로, 불필요한 말과 생각을 줄이는 것은 삶의 질을 향상시키는 중요한 방법 중 하나입니다. 이와 같이, "말이 적으면 근심이 없다"는 신중한 언어 사용과 자기 성찰을 통해 삶을 더 평화롭고 만족스럽게 만들 수 있다는 중요한 교훈을 전달합니다.

말도 쉼이
필요하다

　언어는 소통의 중요한 도구이지만, 때로는 말도 휴식을 취할 필요가 있습니다. 끊임없이 말을 하다 보면 에너지가 소진되고, 생각의 깊이가 얕아질 수 있습니다. 말을 줄이고 잠시 침묵의 시간을 가지는 것은 자신과 타인에게 여유를 주며, 깊이 있는 대화를 나눌 수 있는 바탕이 됩니다. 이렇게 고요한 순간을 통해 우리는 더 명확하고 신중한 언어를 사용할 수 있습니다.

　또한, 말을 쉬게 함으로써 우리는 내면의 소리에 귀 기울일 수 있습니다. 외부의 소음과 분주함 속에서 자신을 돌아보는 시간은 생각과 감정을 정리하는 데 도움이 됩니다. 이러한 자기 성찰의 시간은 우리에게 내적인 평화를 가져다 주며, 스트레스와 불안감을 줄여줍니다. 이는 결국 더 건강하고 행복한 삶을 사는 데 중요한 요소가 됩니다.

　침묵은 단순히 말이 없는 상태가 아니라, 더 깊은 이해와 공감을 위한 준비의 시간입니다. 말을 아끼고 침묵의 힘을 받아들일 때, 우리는 더 많은 것을 배울 수 있으며, 진정한 소통이 가능해집니다. 상대방의 말을 경청하고, 필요한 순간에 신중하게 응답함으로써 우리는 더 깊고 의미 있는 관계를 형성할 수 있습니다. 때로는 말도 쉼이 필요하다는 교훈을 통해, 우리는 언어의 힘을 더욱 현명하게 사용할 수 있습니다.

내 말은 다시
내게 돌아온다

　우리의 말은 단순한 소통 수단을 넘어서, 우리의 삶에 영향을 미치는 중요한 요소입니다. 긍정적이든 부정적이든, 우리가 내뱉는 말은 결국 우리 자신에게 돌아온다는 사실을 명심해야 합니다. 상대방에게 상처를 주는 말은 결국 우리 자신의 마음에도 상처를 남기고, 반대로 따뜻하고 배려 있는 말은 다시 우리에게 돌아와 더 나은 관계를 만들어 줍니다.

　또한, 말의 힘은 우리의 삶을 형성하는 데 커다란 역할을 합니다. 희망적이고 긍정적인 말을 하면 우리의 태도와 행동도 그에 맞게 변화합니다. 이것은 자아성장과 자기개발에도 큰 도움이 되며, 더 나은 삶을 살 수 있게 해줍니다. 따라서 우리는 항상 신중하게 말하고, 말의 힘을 긍정적으로 활용해야 합니다.

　말은 우리의 내면을 반영합니다. 우리가 하는 말은 우리의 생각과 감정의 표현이며, 따라서 긍정적인 생각과 감정을 갖는 것이 중요합니다. 내면의 평화를 위해서도 우리는 부정적인 말을 줄이고, 긍정적인 언어를 사용하는 습관을 기를 필요가 있습니다. 이렇게 함으로써 더 건강하고 행복한 삶을 살아갈 수 있습니다.

말이라고
다 말이야

말은 우리의 생각과 감정을 표현하는 중요한 도구입니다. 하지만 모든 말이 같은 가치를 지니는 것은 아닙니다. 어떤 말은 사람을 상처 입히고, 어떤 말은 사람을 치유합니다. 따라서 우리는 말을 할 때 그 무게와 영향을 깊이 생각해야 합니다. 말은 단순한 소리가 아니라, 우리의 의도와 감정을 담고 있기 때문입니다.

말의 힘은 때로는 우리가 생각하는 것보다 훨씬 큽니다. 긍정적인 말 한 마디가 누군가의 하루를 밝게 만들 수 있는 반면, 부정적인 말 한 마디가 누군가의 마음에 깊은 상처를 남길 수 있습니다. 그래서 우리는 말을 할 때 신중해야 합니다. 특히, 감정이 격해진 상황에서는 더욱 그렇습니다. 말은 한 번 내뱉으면 주워 담을 수 없기 때문에, 항상 상대방의 입장에서 생각하고 배려하는 마음으로 말을 해야 합니다.

결국, 말은 우리의 인격과도 연결됩니다. 어떤 말을 선택하느냐에 따라 우리의 성품과 가치관이 드러납니다. 따라서 우리는 항상 진실되고, 친절하며, 배려심 있는 말을 하도록 노력해야 합니다. 말은 우리의 삶을 풍요롭게 만들 수도, 반대로 고통스럽게 만들 수도 있습니다. 그러므로 우리는 말의 중요성을 인식하고, 책임감 있게 사용하는 것이 필요합니다.

말이면 다야,
말 다워야지

　말은 단순한 소리가 아니라, 우리의 생각과 감정을 전달하는 중요한 수단입니다. 하지만 모든 말이 같은 가치를 지니는 것은 아닙니다. 어떤 말은 사람을 상처 입히고, 어떤 말은 사람을 치유합니다. 따라서 우리는 말을 할 때 그 무게와 영향을 깊이 생각해야 합니다. 말은 우리의 의도와 감정을 담고 있기 때문에, 그저 내뱉는다고 해서 다 말이 되는 것은 아닙니다.

　말의 힘은 때로는 우리가 생각하는 것보다 훨씬 큽니다. 긍정적인 말 한 마디가 누군가의 하루를 밝게 만들 수 있는 반면, 부정적인 말 한 마디가 누군가의 마음에 깊은 상처를 남길 수 있습니다. 그래서 우리는 말을 할 때 신중해야 합니다. 특히, 감정이 격해진 상황에서는 더욱 그렇습니다. 말은 한 번 내뱉으면 주워 담을 수 없기 때문에, 항상 상대방의 입장에서 생각하고 배려하는 마음으로 말을 해야 합니다.

결국, 말은 우리의 인격과도 연결됩니다. 어떤 말을 선택하느냐에 따라 우리의 성품과 가치관이 드러납니다. 따라서 우리는 항상 진실되고, 친절하며, 배려심 있는 말을 하도록 노력해야 합니다. 말은 우리의 삶을 풍요롭게 만들 수도, 반대로 고통스럽게 만들 수도 있습니다. 그러므로 우리는 말의 중요성을 인식하고, 책임감 있게 사용하는 것이 필요합니다. 말이면 다가 아니라, 말다운 말을 해야 한다는 것을 잊지 말아야 합니다.

말은 단순한 소리가 아닙니다. 말은 우리의 생각과 감정을 표현하는 도구이며, 사람들 간의 관계를 형성하고 유지하는 중요한 매개체입니다. 말의 품격은 우리의 인생을 크게 좌우할 수 있습니다. 부드럽고 친절한 말투는 타인의 마음을 열고, 신뢰를 쌓는 데 큰 도움이 됩니다. 반면, 신중하지 못한 말은 오해를 불러일으키고, 관계를 악화시킬 수 있습니다.

경청은 말의 품격을 높이는 중요한 요소입니다. 이청득심(以聽得心), 즉 들어야 마음을 얻는다는 말처럼, 우리는 상대방의 말을 잘 들어야 그들의 마음을 이해할 수 있습니다. 경청은 단순히 듣는 것이 아니라, 상대방의 감정을 이해하고 공감하는 것입니다. 이를 통해 우리는 더 깊은 인간관계를 형성할 수 있습니다.

말은 우리의 퍼스널 브랜드를 형성하는 중요한 요소입니다. 우리의 말투와 언어는 우리의 성격과 자존감을 반영하며, 타인에게 우리의 이미지를 전달합니다. 긍정적이고 자신감 있는 말투는 우리의 자존감을 높이고, 타인에게 좋은 인상을 남깁니다. 반면, 부정적이고 비판적인 말투는 우리의 자존감을 낮추고, 타인에게 부정적인 인상을 남길 수 있습니다.

동양 속담들은 말의 중요성과 지혜를 담고 있습니다. "가는 말이 고와야 오는 말이 곱다"는 속담처럼, 우리는 항상 상대방에게 친절하고 예의 바르게 말해야 합니다. "말 한 마디로 천 냥 빚 갚는다"는 속담은 말의 힘이 얼마나 큰지를 보여줍니다. 우리는 말 한 마디로 사람의 마음을 움직일 수 있으며, 큰 문제를 해결할 수도 있습니다.

말은 우리의 삶을 형성하는 중요한 요소입니다. 우리는 말의 힘을 인식하고, 항상 신중하고 긍정적인 말투를 사용해야 합니다. 이를 통해 우리는 더 나은 인간관계를 형성하고, 우리의 인생을 더욱 풍요롭게 만들 수 있습니다. 말의 품격을 지키는 것은 단순히 예의 바른 행동이 아니라, 우리의 삶을 변화시키는 강력한 도구입니다.

말은 우리의 내면을 비추는 거울입니다. 우리가 사용하는 언어와 말투는 우리의 성격, 감정, 그리고 가치관을 반영합니다. 따라서 우리는 말할 때 항상 신중해야 하며, 우리의 말이 타인에게 어떤 영향을 미칠지 생각해야 합니다. 부드럽고 친절한 말투는 타인의 마음을 열고, 신뢰를 쌓는 데 큰 도움이 됩니다. 반면, 신중하지 못한 말은 오해를 불러일으키고, 관계를 악화시킬 수 있습니다.

경청의 중요성도 이 책에서 강조된 부분 중 하나입니다. 이청득심(以聽得心), 즉 들어야 마음을 얻는다는 말처럼, 우리는 상대방의 말을 잘 들어야 그들의 마음을 이해할 수 있습니다. 경청은 단순히 듣는 것이 아니라, 상대방의 감정을 이해하고 공감하는 것입니다. 이를 통해 우리는 더 깊은 인간관계를 형성할 수 있습니다.

또한, 말은 우리의 퍼스널 브랜드를 형성하는 중요한 요소입니다. 우리의 말투와 언어는 우리의 성격과 자존감을 반영하며, 타인에게 우리의 이미지를 전달합니다. 긍정적이고 자신감 있는 말투는 우리의 자존감을 높이고, 타인에게 좋은 인상을 남깁니다. 반면, 부정적이고 비판적인 말투는 우리의 자존감을 낮추고, 타인에게 부정적인 인상을 남길 수 있습니다.

이 책에서 다룬 동양 속담들은 말의 중요성과 지혜를 담고 있습니다. "가는 말이 고와야 오는 말이 곱다"는 속담처럼, 우리는 항상 상대방에게 친절하고 예의 바르게 말해야 합니다. "말 한 마디로 천 냥 빚 갚는다"는 속담은 말의 힘이 얼마나 큰지를 보여줍니다. 우리는 말 한 마디로 사람의 마음을 움직일 수 있으며, 큰 문제를 해결할 수도 있습니다.

결론적으로, 말은 우리의 삶을 형성하는 중요한 요소입니다. 우리는 말의 힘을 인식하고, 항상 신중하고 긍정적인 말투를 사용해야 합니다. 이를 통해 우리는 더 나은 인간관계를 형성하고, 우리의 인생을 더욱 풍요롭게 만들 수 있습니다. 말의 품격을 지키는 것은 단순히 예의 바른 행동이 아니라, 우리의 삶을 변화시키는 강력한 도구입니다. 이 글이 여러분에게 말의 중요성을 깨닫게 하고, 더 나은 소통을 위한 지혜를 제공하기를 바랍니다.

우리의 내면을, 진정성을,
인생을 만드는 말투의 중요성

권선복(도서출판 행복에너지 대표이사)

『미래교육학자 신종우 교수의 선인들의 명언』은 언어와 말투가 우리의 내면과 인생을 형성하는 데 중요한 역할을 한다는 점을 강조합니다. 이 책은 언어를 단순한 소통의 도구로 보지 않고, 인생을 구축하는 핵심 요소로 간주하며, 선인들의 명언과 속담을 통해 그 가치를 탐구합니다. 저자인 신종우 교수는 말투와 언어 습관을 변화시키는 것이 인생을 긍정적으로 바꾸는 출발점이라고 주장하며, 신중하고 긍정적인 언어 사용의 필요성을 역설합니다.

신중한 언어는 신뢰를 주고 오해를 줄이는 데 도움을 주며, 긍정적인 언어는 분위기를 밝게 하고 희망을 전달합니다. 진심 어린 언어는 진정성을 바탕으로 관계를 깊이 있게 만들고, 공감과 이해를 담은 언어는 타인의 감정을 존중하며 소통을 원활히 합니다. 격려의 언어는 상대방에게 동기부여를 주고 협력을 이끌어냅니다.

이러한 언어 사용은 타인에게 좋은 인상을 남기고 신뢰를 쌓는 데 기여할 뿐만 아니라, 자신에게도 긍정적인 변화를 가져옵니다. 긍정적인 말을 반복적으로 사용하면 긍정적인 사고방식과 태도가 형성되지만, 부정적인 언어를 자주 사용하면 사고와 인생의 방향이 어두워질 수 있습니다.

또한, 이 책은 경청을 중요한 언어 습관으로 강조합니다. 경청은 단순히 침묵하며 듣는 것을 넘어, 상대방에 대한 공감과 이해를 표현하는 적극적인 소통 방식입니다. 이를 통해 신뢰가 쌓이고, 관계에서 긍정적인 효과를 가져올 수 있습니다.

36년간 대학교육에 헌신한 신종우 교수는 이 책을 통해 언어의 힘을 새롭게 조명합니다. 그는 긍정적이고 신중한 말투, 공감과 격려가 담긴 언어, 그리고 경청의 습관이 내면을 풍요롭게 하고 진정성 있는 삶을 만들어간다고 믿습니다.

이 책은 독자들에게 자신의 언어 사용을 되돌아보게 하며, 이를 통해 인생을 긍정적으로 변화시키는 계기가 되기를 바랍니다.

'행복에너지'의 해피 대한민국 프로젝트!

<모교 책 보내기 운동> <군부대 책 보내기 운동>

한 권의 책은 한 사람의 인생을 바꾸는 힘을 가지고 있습니다. 한 사람의 인생이 바뀌면 한 나라의 국운이 바뀝니다. 그럼에도 불구하고 많은 학교의 도서관이 가난하며 나라를 지키는 군인들은 사회와 단절되어 자기계발을 하기 어렵습니다. 저희 행복에너지에서는 베스트셀러와 각종 기관에서 우수도서로 선정된 도서를 중심으로 <모교 책 보내기 운동>과 <군부대 책 보내기 운동>을 펼치고 있습니다. 책을 제공해 주시면 수요기관에서 감사장과 함께 기부금 영수증을 받을 수 있어 좋은 일에 따르는 적절한 세액 공제의 혜택도 뒤따르게 됩니다. 대한민국의 미래, 젊은이들에게 좋은 책을 보내주십시오. 독자 여러분의 자랑스러운 모교와 군부대에 보내진 한 권의 책은 더 크게 성장할 대한민국의 발판이 될 것입니다.